파레토의
엘리트 순환론

이 도서의 국립중앙도서관 출판예정도서목록(CIP)은 서지정보유통지원시스템 홈페이지(http://seoji.nl.go.kr)와 국가자료공동목록시스템(http://www.nl.go.kr/kolisnet)에서 이용하실 수 있습니다. (CIP제어번호 : CIP2018012025)

파레토의
엘리트 순환론
The Rise and Fall of Elites
-An Application of Theoretical Sociology

빌프레도 파레토(Vilfredo Pareto) 지음

정헌주 옮김

간디서원

파레토의 엘리트 순환론
The Rise and Fall of Elites
-An Application of Theoretical Sociology

초판인쇄일 | 2018년 4월 16일
초판발행일 | 2018년 4월 16일
지은이 | 빌프레도 파레토(Vilfredo Pareto)
옮긴이 | 정헌주
펴낸곳 | 간디서원
펴낸이 | 김강욱
주　소 | (06996) 서울 동작구 동작대로 33길56(사당동)
전　화 | 02)3477-7008
팩　스 | 02)3477-7066
등　록 | 제382-2010-000006호
E_mail | gandhib@naver.com
ISBN | 978-89-97533-24-4 (93340)

＊잘못된 책은 바꾸어 드립니다.

일러두기
- 각 장의 소제목들은 독자 편의를 위해 옮긴이가 작성한 것이다.
- 각주는 옮긴이가 독자들의 이해를 위해 독자들에게 생소하다고 생각되는 인명, 지명, 개념 등을 풀이한 것이다.
- 원문에 있는 후주(後註)는 본문과의 연계성을 고려하여 본문 해당 부분에 * 형태로 삽입하였다.

차례

옮긴이 서문 …… 9

제1장 몇 가지 사회학적 법칙 …… 17
1. 이 글을 쓰는 목적 …… 19
2. 실제 원인을 찾는 검증작업 …… 23
3. 고대 세계 전체를 휩쓴 종교물결 …… 28
4. 인간의 역사는 특정 엘리트가 연속적으로 교체되는 역사이다 …… 36

제2장 종교 위기의 고조기 …… 47
1. 인간활동 속에 침투해 들어가는 종교적 정서 …… 49
2. 사회주의도 하나의 종교인가 …… 56
3. 신비주의, 상징주의, 각종 미신들은 종교적 정서가 성장할 때
   기승을 부린다 …… 63
4. 사회주의운동 부상과 기독교 부상은 매우 흡사하다 …… 71
5. 사회주의 기독교 모두 과도한 분파들이 존재한다 …… 78

제3장 구 엘리트의 쇠락 …… 89

1. 구 엘리트가 쇠락할 때 나타나는 징후 …… 91
2. 계급의 몰락과 부상을 나타내는 징표 …… 99
3. 부르주아계급의 세력 약화가 현재 종교 위기의 원인 …… 107

제4장 새로운 엘리트의 부상 …… 117

1. 새로운 엘리트의 핵심부를 차지하고 있는 고임금 노동자계급 …… 119
2. 노동의 점진적 변화와 새로운 엘리트 형성이 갖는 특성 …… 124
3. 새로운 엘리트는 승리한 후엔 점점 경직되고 배타적이 된다 …… 133

제5장 주관적 현상 …… 143

1. 사회주의는 오로지 부르주아계급의 노고와 노력을 통해서만 성장해왔다 …… 145
2. 드레퓌스사건은 현재의 엘리트와 미래의 엘리트 대결 …… 150
3. 한 엘리트의 쇠퇴와 다른 엘리트의 부상 …… 155

찾아보기 …… 161

옮긴이 서문

빌프레도 파레토(Vilfredo Pareto, 1848~1923)만큼 경제학, 정치학, 사회학에 걸쳐 다양한 학문적 이력을 가진 학자도 드물다. 경제학자로서 파레토는 파레토 최적, 균형이론, 파레토 법칙 등 여러 경제학 원리를 창안했을 뿐만 아니라 한계효용원리를 확립하여 현대 계량경제학의 뿌리를 제공했다. 정치학자로서는 엘리트 순환론을 제시하여 가에타노 모스카(Gaetano Mosca)의 지배계급론, 로베르트 미헬스(Robert Michels)의 '과두제의 철칙'과 함께 마키아벨리의 사상을 이어받은 근대 정치학의 한 뿌리를 형성하는 데 기여했다. 끝으로 사회학자로서는 이성이 아닌 감성이 사회를 지배한다는 이론을 제기하여 당시 지배적인 사회이론에 도전하는(?) 이론을 제기했다. 파레토의 마지막 저서이자 주저라고 할 수 있는 저작도 네 권으로 이루어진 『일반사회학논고(*Trattato di sociologia generale*)』이다. 파레토의 이러한 다채로운 학문적 편력(?)은 관심의 이동이 아니라 서로 유기적 관계를 가지며 누적되어 발전된 것이다.

파레토는 이탈리아 귀족 가문 출신으로 부친이 프랑스로 망명하면서 파리에서 태어났으나 어릴 적 다시 이탈리아로 귀환하여 토리노공예학교에서 토목공학, 수학을 공부했다. 1870년 파레토는 「고체에 있어서 균형의 기본원리」라는 논문으로 졸업했는데, 이는 나중에 경제학과 사회학에 적용한 균형이론의 모태가 되었다.

졸업 후 파레토는 철도회사에 근무하며 전무이사 자리까지 오르게 된다. 이 시절에 파레토는 상층 부르주아 인사들과 교류하며 자유무역을 지지하는 입장을 피력했다. 당시 이탈리아는 1876년 우익 정부가 무너지고 중도좌파가 정권을 장악하여 자유무역을 지양하고 보호무역을 강화하는 추세에 있었다. 파레토는 이러한 정치권력을 격렬하게 비판하는 많은 기고문을 신문에 실었고, 마침내 정치계에 투신하여 1882년 피렌체에서 야당으로 출마했으나 낙마했다.

이후 부모를 잃은 파레토는 전무이사직을 그만두고 은둔생활에 들어가서 고전 번역과 경제학 연구에 몰두하게 되었다. 경제학을 연구하면서 자유무역을 옹호하는 학회에 접하게 되었고 그 과정에서 자유무역 경제학자 마페오 판탈레오니(Mafeo Pantaleoni)의 소개로 수리균형이론을 정립한 레온 왈라스(Léon Walras)를 만나게 되었다. 이후 파레토는 왈라스의 견해를 이어받아 많은 경제학이론 논문을 발표했고, 마침내 스위스 로잔대학 정치경제학 교수로 임명되었다. 여기서 파레토는 두 권으로 이루어진 『정치경제학강의(*Cours d'économie politique*)』를 발표하며 오스트리아학파의 칼 멩거(Karl Menger) 등과 더불어 계량경제학을 정립하여 근대 경제학의 발전에 초석을 닦았다.

파레토의 이론적 최종 종착점은 사회학이다. 그는 죽기 7년 전인 1916년에 대작 『일반사회학 논고(*Trattato di sociologia generale*)』를 탈고했다. 파레토가 사회학으로 전환한 것은 새로운 학문으로의 전환이 아니라 그가 자연과학, 경제학, 정치학을 거치면서 누적된 산물이다. 파레토는 인간은 이성에 따라 합리적으로 행동하는 것이 아니라 본능과 감정의 지배를 받는다고 보았다. 이는 당시 지배적인 마르크스뿐만 아니라 콩트 이래 이어져온 인식론에서 크게 벗어나고 있었다. 하지만 그가 본 당시 상황은 이성보다는 감성이 우선한 측면이 컸다. 드레퓌스사건이 대표적 예이다.

파레토는 인간의 내면에 깊숙이 자리 잡은 정서가 인간의 행동을 결정한다고 본 것이다. 인간 행위는 논리적 사고에서 비롯되는 것이 아니라 감정에서 시작되고 이것이 합리적 과정을 거쳐 정당화된다고 본다. 따라서 당시 풍미하던 마르크스주의를 종교에 빗대어 설명하고 있다. 마르크스주의가 위력을 갖는 것은 그것의 과학성이 아니라 감성에의 호소력이라는 것이다. 이러한 측면이 다시 한 번 감성에 의존한 파시즘, 나치즘의 사상적 기초로 이용되는 결과를 낳게 된다. 물론 파레토가 마르크스와 대척점에 있다고는 하나 파시즘이나 나치즘을 옹호한 흔적은 보이지 않는다.

이 책은 빌프레도 파레토가 1901년에 『이탈리아 사회학 논총(*Rivista ltaliana di Sociologia*)』(pp. 402~456)에 기고한 논문 "Un applicazione di teorie sociologiche"을 바탕으로 했다. 이 논문은 *The Rise and Fall of the Elites: An Application of Theoretical Sociology*(Hans L.

Zetterberg, Transaction Publishers, 1991)라는 제목으로 영어로 번역되어 출간되었다. 번역을 할 때는 이 영역본을 참조하였다. 이 책은 제목에서 시사하듯이 파레토의 그 유명한 '엘리트 순환론' 개념이 선을 보이는 작품이다. 엘리트 순환론은 "사회는 항상 여러 엘리트들이 번갈아가며 지배하며 대중(mass)은 항상 권력 밖에 머물러 있다"는 것이다. 파레토는 이러한 엘리트 순환이론을 고대 로마제국 시대에서 당시 유럽사회를 휩쓸고 있던 제2인터내셔널 시대의 사회운동 및 각종 사건과 연관시켜 예증하고 있다. 이러한 엘리트이론은 당시 풍미하던 마르크스의 프롤레타리아 독재론과는 정면으로 배치되는 것으로 엘리트 지배를 정당화하는 도구로 이용되었다. 그래서 한편으로 파레토는 마키아벨리의 후예라고 일컬어지고 하고 파레토의 이론은 후일 가에타노 모스카(1858~1941)의 '지배계급' 이론, 로베르트 미헬스(1876~1936)의 '과두제의 철칙'으로 이어져 근대 정치이론에 많은 영향을 미쳤으며, 현실에서는 이탈리아의 무솔리니가 파시즘 체제를 확립하는 이론적 토대로 삼기도 했다.

파레토의 엘리트 순환이론은 많은 점에서 마르크스 이론과 배치되는 것으로 거론되지만 현실정치에서는 유사한 점이 나타난다. 이를테면 프랑스혁명도 민중봉기에서 시작되었으나 부르주아가 권력을 차지했고, 나폴레옹, 루이 보나파르트 모두 민중의 힘으로 권좌에 올랐으나 민중은 억압을 받았다. 마르크스와 다른 점이 있다면 파레토는 "역사는 비극으로 끝난다"는 말을 하지 않았다는 것이다. 그렇다고 파레토가 엘리트 지배가 정당하다는 점을 시인한 흔적은 보이지 않는다. 다만 현실의 냉혹함을 보여준 것이며, 자유무역을 옹호하는 경제학자로서 당연한 이치인지도 모른다.

이 책은 1901년에 출간되었지만 파레토가 학문적 활동이 한창이던 당시 유럽 사회의 혁명적 분위기를 반영하고 있다. 그렇지만 이 책에서 파레토는 혁명 과정 자체에 대해 다루지 않는다. 프랑스에서 태어났지만 이탈리아 가문인데다 이탈리아에서 공부한 탓인지 파레토는 마키아벨리의 영향을 많이 받은 듯하다. 그는 마키아벨리와 마찬가지로 권력자를 사자형과 여우형으로 구분했고, 그의 엘리트 순환론도 이에 영향을 받은 것이다. 그는 엘리트와 대중으로 사회를 구분하고, 권력은 항상 엘리트 사이에서 교체된다는 것이다. 즉 권력을 장악한 지배 엘리트와 권력에서 밀려난 비지배 엘리트가 존재하며 인류 역사는 이들 사이에서 권력이 교체되는 과정으로 보았다. 이러한 엘리트 우위론은 무솔리니에 영감을 주어 파시즘을 낳는 이론적 배경이 되기도 한다.

파레토의 사상과 이론은 여러 사회과학에 영향을 미치고 있음에도 아직까지 우리나라에서 파레토의 이론과 사상은 경제사상사, 정치사상사, 사회사상사 및 사회학이론 서적에 일부 소개되었을 뿐 원저작이 번역된 것은 발견하지 못했다. 이러한 아쉬움 때문에 파레토의 저작을 소개하고 싶은 욕구가 있었으나 주요 저작은 대부분 분량이 많아 번역에 착수할 엄두를 내지 못했을 뿐만 아니라 선뜻 출간할 출판사를 찾기도 싶지 않았다. 그러던 차에 이 책이 눈에 띄었다. 이 책은 파레토의 대표적인 이론의 하나인 엘리트 순환론을 담고 있어 분량이 짧지만 파레토의 이론 전모를 파악하는 데 도움이 되리라 생각되어 번역에 착수하게 되었다.

실제로 이 책은 파레토 생존 당시 정치적 상황뿐 아니라 이를 자신의 사회학 이론을 곳곳에 그리고 은연중에 피력하고 있다. 또한 이 책의 부제가 보여주듯이 자신의 엘리트 순환 개념을 사회이론에 적용하고 있다. 따라서 이 책은 당시의 엘리트 순환이라는 정치적 묘사를 넘어 이성이 아니라 감성이 사회를 지배한다는 자신의 사상을 은연중에 피력하고 있다.

이 책은 분량에서나 내용면에서나 독자들이 고전 사회학을 쉽게 접할 수 있는 기회가 될 것이다. 아무래도 이 책은 파레토가 생존하던 19세기 말의 복잡한 정치상황을 배경으로 한 것이라서 당시의 정치가들, 특히 이탈리아와 프랑스 정치가들이 많이 거론되고 있다(때로는 고대 로마제국 정치가들도 더러 나오고 있다). 그중에는 우리에게 잘 알려진 인물들도 간혹 있으나 유럽 현대사나 제2인터내셔널 시대를 공부한 사람이나 연구한 사람을 제외하고는 많은 독자들에게 생소한 인물들이 제법 등장한다(한때 제2인터내셔널 시대를 공부한 적이 있는 옮긴이에게 생소한 인물이 적지 않았다). 이러한 인물에 대한 독자들의 이해를 위해 대부분 인터넷을 활용하여 소개해 놓았다.

이 책은 지금까지 번역해 본 저작 중에서 비교적 문장이 평이한 편이었으나 그래도 고전을 번역하는 일은 쉽지 않았다. 항상 더 좋은 번역을 위해 노력하고 있지만 수준이 높아지는 독자들의 욕구를 채울 수 있을지 염려된다. 언제든지 독자들의 날카로운 지적과 질정을 받아들일 준비가 되어 있다.

  끝으로, 문장 하나하나를 꼼꼼히 살펴보고 편집해주신 간디서원 편집진의 노고에 감사드리고 특히 고전 번역 제의를 흔쾌히 응락해주신 대표님께 감사드린다.

안암동 연구실에서
정헌주

제1장
몇 가지 사회학적 법칙

1. 이 글을 쓰는 목적

내가 이 글을 쓰는 목적은 일반적으로 객관적이라고 확신되고 있는 사회학이론들이 사실과 맞는지 대조하여 검증하려는 것이다.

사회학이나 정치경제학 관련 주제를 저술하는 사람들은 대체로 자신이 지키고 싶어 하는 몇 가지 관행적인 규칙을 마음속에 품고 있다. 나는 여기서 이러한 습성을 비난하고자 하는 것이 아니라 다만 독자들에게 나는 이러한 관행을 따르지 않는다는 것만을 알려두고자 한다. 이렇게 진술하는 것만이 적절한데, 왜냐하면 그렇게 해야만 저자가 한 말을 그 말 자체가 의도한 것보다 더 폭넓게 해석할 수 있기 때문이다.

그러므로 어떤 저자가 특정의 규칙 A에 약간의 결함이 있다고 기술한다면, 일반적으로 사람들은 그가 당연히 규칙 A 전체를 비난하는 것으로 생각하며 종종 더 나아가 그가 규칙 A에 반대되는 다른 규칙 B를 더 선호하는 것으로 상정하게 된다.

예를 들면, 어떤 사람이 보통선거제도에 결함이 있다고 주장한다면 그는 제한적 선거제도를 선호할 것으로 생각하게 된다. 또 어떤 사람이 민주주의의 폐해를 공공연하게 헐뜯고 다닐 경우 그는 귀족주의 정치를 선호할 것으로 생각하게 된다. 한편, 군주제의 일부 측면을 찬양하는 사람은 확실히 공화제를 반대할 것이고, 거꾸로 공화제를 찬양하는 사람은 군주제를 반대할 것으로 생각하게 된다.

요컨대 사람들은 대개 어떤 사람이 한 말에 나타난 특수한 진술에다 보편적 의미를 부여하는 경향이 있다. 사람들이 그렇게 생각한다고 해서 그것이 전부 잘못된 것은 아니다. 때로는 그러한 진술이 정곡을 찌르는 경우도 많다. 왜냐하면, 그 저자는 자신이 확신하고 있는 것은 의도적으로 말하지 않기 때문이다. 그런데 문학에서 그렇게 하는 것을 칭찬할 만하지만 과학에서 그렇게 하는 것은 적절하지 못하다. 바로 이러한 이유에서 나는 이 글에 실린 각각의 진술들은 그 자체로 고유의 특수한 의미를 담고 있지 않으며 또 그 각각을 다양하게 해석해서도 안 된다는 점을 강조하고 있는 것이다.

그리고 내가 과거의 사실들에 국한해서 설명하지 않고 현재의 사실에 초점을 맞추게 된 이유에 대해서도 몇 마디 덧붙이고자 한다. 과거의 사실에 국한하여 설명하는 것은 확실히 매우 큰 장점이 있다. 즉 과거의 사실은 보다 냉정하게 그리고 어떤 기분이나 편견 없이 바라볼 수가 있다. 그러나 과거의 사실에 대해 우리가 불완전하게 알고 있는 경우에는 상당한 단점을 수반한다.

더욱이 앞에서 말한 장점은 실재적(real)이기보다는 허구적인(fictitious) 경우가 종종 있다. 왜냐하면 우리는 현재 우리가 가진 정서(sentiments)를 과거로 이전시키는 습관이 있기 때문이다. 예컨대 독일제국을 흠모하는 독일인 역사가는 카이사르(Caesar)나 아우구

스티누스(Augustine)에 대해 어떤 악평을 늘어놓아도 그것을 묵인할 것이며, 우리 시대의 민주주의자는 아리스토파네스(Aristophanes)[1]에 대해 늘 불평을 늘어놓을 것이다.

이제 우리가 다룰 주제로 들어가서 사실들(facts)로부터 이끌어 낸 특정한 사회학적 법칙(sociological laws)을 진술하는 것에서 시작하기로 하자. 이 사회학적 법칙들은 이제 사실들과 다시 한 번 마주치게 될 것이다. 여기에서 우리는 클로드 베르나르(Claude Bernard)[2]가 추천한 방법을 따르고자 한다. 이 방법은 사실(facts)로부터 개념(concepts)을 이끌어내고 그런 다음 개념에서 다시 사실로 되돌아간다. 베르나르가 쓴 글은 미완성 유고(遺稿)로 출간되었는데, 독자들은 그중 두 번째 부분만 보게 될 것이다.

첫 번째 부분은 분량이 상당히 많은데, 이것은 지금 저술하고 있

---

1 아리스토파네스(Aristophanes: 기원전 450년경~기원전 385년경) 아테네에서 태어나 고대 그리스 최대의 희극 작가로 44편의 작품을 썼고 그중 11편이 현존하고 있다. 그는 정치적으로는 농본주의적 보수주의자이지만, 열렬한 평화주의자로서 평가를 받았다 - 옮긴이.

2 클로드 베르나르(Claude Bernard, 1813~1878): 프랑스의 생리학자로 근대 실험 의학의 시조. 당시 생기론에 지배되고 있던 프랑스의 생리학계에 실증주의적인 생각을 도입한 마장디 밑에서 수학하여, 1843년에 위액과 그 소화기능에서의 역할에 관한 연구로 학위를 받고, 이어 소화기능에서의 이자액의 기능, 연수의 천자에 의한 인공적 당뇨의 발현, 간장이 당원 생성 등 많은 탁월한 업적을 남김. 1852년 소르본 대학 교수, 1855년 콜레지 드 프랑스 교수, 1865년 아카데미 프랑세즈 회원이 되었다 - 옮긴이.

는 사회학 서적에서 빠뜨리지 않고 실을 예정이다. 물론 내가 그 책을 완성하여 출간할 수 있는 경우에만 가능하다는 단서가 있다. 당분간은 다소 설득력 있는 가설들로 발표된 법칙들을 받아들이기로 하자. 그러한 법칙들의 도움을 받아 앞으로 우리가 사실들을 설명하는 데 성공할 수 있는지 여부를 보게 될 것이다.

우선, 대부분의 인간 행동은 논리적 추론(logical reasoning)에서 비롯되는 것이 아니라 감성(sentiment)에서 비롯된다는 점에 주목하기로 하자. 이 말은 어떤 행동이 경제적 동기와 무관할 경우에는 원리적으로 타당하다. 경제적 행동, 특히 상업과 공업과 관련된 행동에 대해서는 그와 반대된다고 말할 수 있다. 비논리적 동기(nonlogical motives)에 의해 행동할 수밖에 없는 경우라도 사람들은 자신의 행동을 일정한 원리(principle)와 논리적으로 연계시키고 싶어 한다.

그러므로 인간은 자신의 행동을 정당화하기 위해 사후에라도 그러한 원리를 고안해내려고 한다. 그래서 실제로는 원인 B의 결과로 일어난 행동 A에 대해 그 저자는 자신이 상상하여 고안해낸 원인 C의 결과로 매우 종종 제시하곤 한다. 그리하여 자기 동료를 속이는 사람은 자신을 속이는 것으로 시작해놓고는 자신이 펼친 주장을 확고하게 믿는다.

그러므로 모든 사회학적 현상에는 독특하면서도 종종 완전히 구분되는 두 개의 형태가 있다. 하나는 객관적 형태(objective form)로 이것은 실재의 객체들(real objects) 간의 관계를 결정한다. 다른 하나는 주관적 형태(subjective form)로 이것은 심리학적 상태들

(psychological states)의 관계를 결정한다. 특정한 객체를 왜곡되게 비추는 곡선거울을 생각해보라. 이 거울에서는 실제로는 직선인 현상이 곡선으로 비춰진다. 또 실제로는 작은데 크게 보이고, 반대로 큰 것은 작게 보인다.

이와 마찬가지로 인간의 의식은 객관적 현상을 반영한 것이며, 이것이 역사를 통해 또는 동시대인들의 증언을 통해 우리의 지식이 된다. 그러므로 우리가 객관적 현상을 알고자 한다면, 주관적 현상에만 만족해서는 안 되고, 주관적 현상으로부터 객관적 현상을 올바르게 연역해내는 것이 중요하다. 이것이 사실상 역사 비판이 해야 할 과제이며, 그 비판은 단순히 그 원천에 대한 물질적 비판에 그치지 않고 인간 정신에 대한 비판으로 나아가야 한다.

2. 실제 원인을 찾는 검증작업

아테네 사람들은 페르시아가 침공하는 것을 두려워하여 델포이[3]에 있는 예언자에게 도움을 청하기 위해 전갈을 보냈다. 그러자 제우스가 트리토게니아(Tritogenia)에 난공불락의 나무 성벽을 주겠노라고 답변을 보내왔다. 그 후로 아테네 사람들은 함대를 수리하고

---

3 델포이(Delphi): 그리스의 옛 도시로 유명한 아폴로(Apollo) 신전이 있었다 – 옮긴이.

살라미스 섬[4]에서 페르시아를 물리치고 대승을 거두었다. 여기서 그 현상이 많은 동시대 사람들에게 어떻게 비쳐줬는지를 보여주고 또 헤로도토스(Herodotus)[5]가 그것을 우리에게 어떻게 전달해주었는지를 보여준다. 그러나 객관적 형태는 명백하게 모든 것이 다르게 나타난다.

오늘날에는 어느 누구도 더 이상 당시에 바라던 아폴로나 아테네 트리토게니아 제우스를 믿지 않는다. 그래서 살라미스 섬에서의 승리를 설명하려면 그와는 다른 좀 더 실제적인 원인을 찾아야 한다. 살라미스 섬에서의 승리는 테미스토클레스(Themistocles)[6]가 아테네 사람들에게 함대를 건조하기 위해 기금을 충당해달라고 설득했을 때 사실상 준비되었다. 그러나 우리가 주목해 두어야 할 사실은, 헤로도토스가 그 사실을 기록하면서 이러한 실제 원인이 개입한 것에 대해서는 언급하지 않았다는 점이다. 운 좋게도 우연히 일어난 사

---

4 살라미스 섬(Salamis): 그리스 남동쪽의 섬. 기원전 480년에 그리스 해군이 페르시아 해군을 격파한 곳 - 옮긴이.

5 헤로도토스(기원전 480~420년경): 고대 그리스의 역사가. 서양 문화에서 역사학의 아버지로 여겨지고 있음. 이집트, 메소포타미아, 페니키아, 스키타이 지역(현재 우크라이나 지방)을 두루 여행하며 수집한 많은 자료를 통해 페르시아 전쟁을 주제로 한 저서 《역사》를 남겼다. 특히 이 저작에 나타난 고대 이집트 문명에 관한 기록은 이집트 연구에 많은 도움을 주고 있다 - 옮긴이.

6 테미스토클레스(Themistocles, 기원전 527~460년경): 그리스, 아테네의 정치가·장군 - 옮긴이.

건 덕분에 배가 마련되었고, 그래서 예언자를 순순히 따르게 되었다.

우리의 저자에 따르면, 아테네 사람들은 다양한 의견을 제시했는데, 그들의 관심은 오직 어떤 방법을 따르는 것이 더 좋은가 하는 데 대해 아폴로가 행한 대응의 진정한 의미가 무엇인지에만 있었다. 어떤 사람들은 나무 성벽이 돌로 만든 것이라고 믿었고, 또 어떤 사람들은 신이 함대를 보냈다고 주장했다. 테미스토클레스 자신은 (다시 헤로도토스의 의견을 따라) 오로지 예언자의 언어 해석에 대해서만 논했다. 그 결과 실제 현상과 주관적 현상이 더욱 뚜렷하게 대비되어 나타났다.

그렇더라도 그 두 현상과 그 둘 간의 상호관계를 연구하는 것만으로는 충분하지 못하다. 그래서 세 번째 문제가 제기된다. 실제 현상이 주관적 현상의 변화에 어떤 식으로 작용을 하고 또 역으로 주관적 현상이 실제 현상의 변화에 어떤 식으로 작용을 하는가? 다윈주의(Darwinism)는 이러한 질문에 대해 매우 간단하게 답변을 제시하는데, 애석하게도 그 답변은 부분적으로만 올바르다. 다윈주의에 따르면, 두 현상 간의 관계는 그 관계에 적합하지 않은 개인들을 점진적으로 제거함으로써 성취된다.

우리의 연구에서는 어떤 것도 제거하지 않으며, 우리는 왜 아테네 사람들이 예언가의 해석 중 어느 하나를 다른 해석들보다 더 많이 지지하는지를 전혀 알지 못하며, 테미스토클레스가 자신의 주장을 확고하게 믿고 있었는지 여부도 알지 못한다. 현재에도 그와 유사한 사실들이 발생하고 있는데, 현재에는 절대적 신앙도 없고 절대적 무신앙도 없다. 그러므로 만약 그 당시 사람들을 오늘날 사람들이 하는 것을 가지고 판단하는 것이 허용된다면, 우리는 실제 원인인 아테네의 해군력이 테미스토클레스에게 잠재적으로 영향을 주었을 것이라고 믿으려 할 것이다.

또한 그는 이러한 자극을 받아 우선 자신을 설득하고 그런 다음 다른 사람들을 설득했을 것이며, 그 결과 신이 함대를 보냈다고 믿게 될 것이다. 우리가 선택한 예는 지나치게 명확하지만 어떤 사람들에게는 적절하지 못한 것으로 보일 것이다. 그러나 고대의 예와 실질적으로 동일한 현대의 예를 선택한다면 그렇게 생각한 사람들은 금세 생각을 바꿀 것이다.＊

＊ 그것이 반드시 근대적(modern)일 필요는 없다. 근대적 신앙이 그 안에 한 부분만 차지하는 것으로 충분하다. 이를테면, 부아시에(Boissier)는 콘스탄티누스의 개종에 대해 논하면서 감히 말한다. "에우세비오(Eusebius: 제31대 교황, 재위 309~309) 설명의 첫 부분은 매우 그럴 듯하다. … 그 밖의 다른 것, 즉 환영(幻影)과 꿈에 대해서는 아무것도 할 얘기가 없다. 이러한 불가사의한 사건들은 비판을 회피하며, 그것들은 역사 본연의 영역에 속하지 않는다. 사람들은 에우세비오가 기록한 사실이 진실인지 여부에 개의치 않고 자신의 마음에 드는 것을 믿으며, 그 경우에 우리는 실제 기적을 다루고 있다"(*La fin du paganisme*, 1, p. 39). 이 얼마나 멋진 이야기인가! 어느 저자가 설화나 기적을 저술할 때, 역사가는 공손히 조용히 있

어야 한다. 왜냐하면, "그 같은 사건들은 비판을 회피하고, 역사 본연의 영역에 속하지 않기 때문이다!"

그러나 만약 우리가 콘스탄티누스가 인식한 불가사의한 환영을 의심해서 안 된다면, 왜 우리는 살라미스 섬에서 그리스 배들이 퇴각을 하고 있을 때 여자 유령이 나타나 그들에게 다음과 같이 경고한 것을 의심하고 있는 것을 그대로 두어야 하는가? "가련한 그대들이여! 그대들은 얼마나 오랫동안 배를 뒤로 물러나게 할 것인가?" 나로서는 헤로도토스보다 에우세비오를 더 신뢰하는 이유를 모르겠다. 여기서는 나타나 있지 않지만 브와시에가 부르짖은 바로 그 비판 때문에 나는 대체로 에우세바우스가 헤로도토스보다 이야기를 더 길게 한다는 것을 믿게 되었다.

프랑스에서는 마치 테미스토클레스가 예언을 해석하는 것과 똑같이 '불멸의 1789년 원리' 또는 '공화국 옹호'에 호소하고, 다른 나라에서는 '영광스러운 군주제의 옹호'에 호소하며, 얼마나 많은 사람들이 실제의 원인을 감추고 자신들의 행동에 상상의 원인을 부여하고 있는가. "남의 눈에 티끌을 나무라면서 자기 눈의 들보를 보지 못한다"는 속담은 언제나 진리이며, 옛날의 미신을 비웃는 자는 자신이 거부하는 것보다 오히려 더 합리적이지도 실질적이지도 않은 현대의 미신으로 매우 종종 대체하고 한다.

3. 고대 세계 전체를 휩쓴 종교물결

이제 우리에게 잘 알려져 있지는 않은 사례를 살펴보도록 하자. 나중에 우리는 이 사례를 방금 언급한 사례와 연계하여 살펴볼 것이다.

경제위기는 엄밀히 말하면 스펜서(Spencer)가 제시한 매우 특수한 리듬의 법칙을 일반적인 운동의 법칙에 적용한 것인데, 요즘에 와서는 경제위기에 대해 특히 제본스(Jevons)[7]와 클레망 쥐글라르(Clement Juglar)[8] 그리고 그 밖의 훌륭한 학자들의 저작에서 매우 신중하게 연구가 이루어지고 있다. 나는 『정치경제학 강의(Cours d'économie politique)』에서 경제위기는 엄격한 경제적 원인에서 비롯될 뿐만 아니라 인간본성(human nature)에 의해 결정되기도 한다는 의

---

7 제본스(William Stanley Jevons, 1835~1882): 영국의 경제학자·논리학자. 대표적인 저작인 《정치경제학이론》(1871)을 통해 고전학파 이론을 비판하고 한계효용이론을 수립한 근대경제학 창시자이다. 경기변동에 관한 태양흑점설의 제창자로서도 유명하다 – 옮긴이.

8 클레망 쥐글라르(Clement Juglar, 1819~1905): 프랑스의 의사이며 경기순환을 연구한 경제학자. 경기변동에 관한 원인과 일정한 주기를 체계적으로 처음 시도한 학자로서 영국, 프랑스 및 미국에서의 주기적 침체를 규명하기 위해서 당시의 각종 경제변수들을 분석하여 평균 6년에서 10년에 걸친 일정한 주기를 갖고 호황·침체·회복의 세 단계로 구성되는 경기변동이 반복되고 있다는 것을 지적하고, 이것을 쥐글라르파동이라 했다. 이후 이는 경기순환이론 발전의 모태가 되었다 – 옮긴이.

견을 표명한 바 있으며(이러한 견해는 내가 새로운 조사를 하면서 확인한 것이다).

나아가 경제위기는 많은 심리학적 리듬에서 표출된 많은 것들 중 하나라고 표명하기도 했다. 달리 말하면, 방금 진술했듯이, 나는 윤리와 종교, 정치에서도 정서의 리듬이 나타나는 것을 발견했는데, 그것은 마치 사업 주기의 물결과도 흡사했다[문학 분야에 대해서는 르나르(Renard) 교수가 다음 저작에서 그것들에 대해 탁월하게 지적하고 있다. G. Renard in *La methode scientifique de l'histoire litteraire*, Paris, 1900]. 이러한 물결들은 역사가들의 관찰을 벗어나지는 않았지만, 주기적 물결처럼 자연적 과정에서 아주 크게 벗어난 이론들의 주장을 제외하면 그 물결들은 일반적으로 전체의 리듬 운동을 부분적으로만 표출하는 것으로 간주되고 있다. 여기서는 다만 가장 뚜렷하게 나타나는 사례들에서 언급되고 있는 몇 가지 유추만을 발견할 수 있을 뿐이다.＊

＊ Friedlander, Ludwig, Sittengeschichte Roms, 2nd ed. (Cologne: Phaidon, 1957). 처음에는 다음 제목으로 출간되었다. *Darstellungen aus der Sittengeschichte Roms* ... 프랑스어 번역판은 포겔(Vogel)이 번역했다(*Civilisation et moeurs romaines*, by Vogel; 영어 번역본 7판 확장본은 다음과 같다(*Roman Life and Manners under the Early Empire*, London: Routledge & Sons, Ltd, 1908~13). 다음의 인용은 영어 번역판에 의한 것이다(T. H. Freese, Vol. 3, p. 90).

"18세기 반기독교 경향의 물결은 한때 최고로 고조된 후 급격하게 가라앉고 그 후로 강력한 썰물이 뒤를 이었다. 이러한 현상은 대부분의 문명화된 세계에서는 거스를 수 없는 흐름이었다. 마찬가지로 그리스-로마 세계에서는 실증적 신앙에 대한 강력한 반동이 일어나면서 1세기가 되자 문학이 우위를 점하는 경향이 나타났고, 이것이 우위를 차지하여 문학계에 영향을 주었다. 그와 동시에 신앙 자체가 많은 측면에서 우둔한 미신으로 퇴락하여, 불가사의한 경건주의와 광신적 행위를 그리워하는 현상이 나타났다."

로마제국 역사 연구자들은 아무런 신앙을 가지고 않던 식자층들에게 신앙을 가지도록 만든 거대한 물결을 관찰했다. 그 물결은 로마공화국이 말기로 접어들었을 때 그리고 우리 시대 첫 세기에 명확하게 나타난다. 그런 거대한 물결을 제국 말기에 주로 나타난다.

기독교에서 근원을 두고 있는 종교 물결은 그 이전에는 고대 세계 전체를 휩쓴 전반적 운동이었다. 기독교는 동시대의 원리나 교의를 근본적으로 변경하거나 상당한 정도로 동화시키지 않고서 승리를 쟁취했다. 이교도 창시자들은 기독교 원리와 사상을 경청한다. 그래서 이교도 창시자의 정서를 설명하기 위해 세네카(Seneca)[9]

---

9 세네카(Lucius Annaeus Seneca: B.C. 4~A.D. 65): 로마의 정치가·철학자·비극 작가로 1세기 중엽 로마의 지도적 지성인이었으며, 네로 황제 재위 초기인 54~62년에 로마의 실질적 통치자 중 한 사람이

와 성 바울(St. Paul)[10]의 관계를 연구했다. 르낭(Renan)[11]은 기독교는 당시의 종교적 정서가 취했던 많은 형태들 중 하나일 뿐이라는 것을 깨달았다.*

* Duruy, Victor, *Histoire des romains depuis les tempe les plus recules* (Paris: Hachette et Cie., 1870~79), Vol. V, p. 702: "기독교 역사를 서술하는 과정에서 사람들은 아무것도 보지 않는다. 사람들은 이교도 사회 내에서 일어난 거대한 쇄신 과정에 주의를 기울이지 않는다."

우리는 당시의 역사를 기독교와 여타의 종교 또는 교의 간의 투

었다-옮긴이.
10 성 바울(St. Paul): 그리스도의 12사도 중 하나. 신약성서 여러 서간들의 필자이다-옮긴이.
11 르낭(Joseph-Ernest Renan, 1823~1892): 프랑스의 사상가이자 종교사가·언어학자. 프랑스 실증주의 대표자의 한 사람이다. 일찍이 신학교를 다녔으나 신학보다도 독일 철학, 특히 헤겔·헤르더에 흥미를 가지게 되어 성직자를 단념하고, 신학교를 떠났다(1848년). 이후 화학 등 과학에 관심을 가지고 학술 탐험 여행을 하며(1860~1861년), 예수 그리스도를 철학자로 그려 정통 신앙에 위배된다는 이유로 파면되었다(1862년). 약 10년 뒤에 겨우 복직하였으나(1871년), 사회비평가로서 그는 종교에서는 초자연적 설명을 배척, 자연을 곧 신적(神的)이라 하고, 인간 본래의 자연성을 도덕적이라고 보는 점에서 자연주의적 성향을 띤다-옮긴이.

쟁으로 보는 데 익숙해져 있다. 또한 우리는 이 둘은 근본적으로 상이한 것으로 생각하고, 기독교를 밀어내고 미트라교[12]나 동방의 몇몇 종파들이 득세를 하거나 이교도가 다시 번성하게 될 경우 근대 역사의 경로는 완전히 다른 방향으로 흐를 것이라고 생각하게 된다.

그러나 이러한 생각들은 전혀 타당하지 않다. 사실 A, B, C 등등의 여러 종파들은 극렬한 투쟁을 벌였다. 이 종파들은 모두 단일의 원인 X에서 비롯되었다. 즉 종교적 정서가 증대하면서 생겨난 것이다. 그러나 주요한 사실은 바로 X이며, A, B, C 등의 사실들은 부차적인 것이다. 하지만 그런 사실들이 전혀 중요하지 않았다고 말할 수는 없다. 왜냐하면 형식(form) 역시 내용(substance)에 의해 현상의 변화를 결정한다는 점에서 일정한 가치를 가지기 때문이다. 그러나 이차적 위치에서 나타나는 것에 일차적 위치를 부여하는 것은 오류이다.

오르비니(D'Orbigny)[13]는 볼리비아를 다녀와서 다음과 같이 말한

---

12 미트라(Mithra): 빛의 신, 태양신. 옛 페르시아의 빛과 진리의 신이다. 미트라에 대한 숭배는 페르시아까지 퍼졌고, 이후 알렉산드로스 대왕에 의해 헬레니즘 세계 전역으로 퍼졌다. 후일 로마 황제 코모두스와 율리아누스는 미트라교에 입교하여 지배적인 종교로 부상, 3~4세기에 크게 성장한 그리스도교에게 자리를 내주었다. - 옮긴이.

13 오르비니(Alcide Dessalines d'Orbigny, 1802~1857): 프랑스의 고생물학의 창시자. 8년간(1826~1834년)에 걸쳐 남미를 여행하면서 남미

다. "계곡 입구에서 양쪽 경사면의 길을 따라 끝까지 올라가면서 나무십자가에 의지해서 겨우 올라갈 수 있는 크기가 변화하는 돌 더미를 발견했다. … 나는 그것이 아파첵타스(apachectas: 페루에서 발견된 진흙과 돌의 경계)라는 것을 알게 되었고, 나중에는 인디언이 거주하는 볼리비아 전국 곳곳에 그것이 있다는 것을 알게 되면서 나는 확실한 믿음을 갖게 되었다. 이 돌 더미는 스페인 사람들이 들어오기 전에 존재했다. 그 돌 더미는 원주민이 괴로움에 빠졌을 때 쌓아올린 것이다. 그들은 힘들게 가파른 비탈을 타고 올라가서 만물을 움직이는 보이지 않는 신 파착막(Pachacmac)에게 정상에 닿을 수 있는 용기를 준 것에 감사를 드리고 아울러 앞으로 모든 일이 잘 되도록 새로운 힘을 달라고 기도한다. 그들은 잠시 동작을 멈춘 후 머리카락 몇 개를 자기 눈썹에서 바람으로 휙 던지거나 씹고 있던 코카 잎의 일부를 아주 귀중한 물건인 것처럼 돌 더미 위에 정성스레 올려놓는다. 아니면 가난한 사람들은 옆에 있는 돌을 집어 들고 그 위에 다른 돌을 올려놓는 것으로 만족한다. 오늘날에도 그들은 변함없이 행동한다. 원주민이 아니면 아무도 파착막에게 감사기도

대륙의 민족과 박물학 및 지질학을 연구하여 남미 대륙 최초의 광범위한 지도를 작성한 『남아메리카 탐사(*Voyage dans l'Amérique méridionale*)』(10권, 1834~1847)를 저술하였다. 1850년에 유럽 북서지역의 지질층에 있는 쥐라기 화석의 상세한 시기를 결정하기 위한 작업을 수행하여 미완성이지만 기념비적인 저작 『프랑스의 고생물학(*Paléontologie française*)』(14권, 1840~1854)을 저술하였다 – 옮긴이.

를 올리지 않고 기독교도는 자신들의 상징인 하느님에게 기도를 올린다"[D'Orbigny, Alcide, *L'Homme american*(*de l'Amerique Méidionale*): *considéésous ses rapports physiologiques et moraux*)(Paris: Pitois-Levrault, 1839), Vol. 1].

모리(Maury)는 다음과 같이 말한다. "시칠리아에서 성모 마리아가 케레스[Ceres: 농업의 여신; 그리스의 데메테르(Demeter: 농업·풍요·결혼의 여신)에 해당] 외 비너스[Venus: 로마 신화의 사랑과 미의 여신. 그리스신화의 아프로디테(Aphrodite)에 해당]를 모시는 모든 성전을 점유했다. 이교도 폭도들은 성모 마리아를 향해 이따금 항의를 했다"[Maury, Louis Ferdinand Alfred, La magie et l'astrologie dans l'antiquite et au moyen dge, ou etude sur les superstitions paiennes qui se sont perpetuees jusqu'a nos jours, 3rd ed. rev. and cor.(Paris: Didier et Cie., 1860), p. 153]. 형태는 다양하게 표출되지만 거기에는 분명 하나의 공통된 정서가 존재하며, 이러한 다양한 형태들은 그 공통된 정서에 비하면 별로 중요하지가 않다.

모리는 다음과 같은 말을 덧붙인다. "그 분수는 다른 시대에 신성으로 받은 공물을 성인의 이름으로 계속해서 받아들인다"(Maury, op. cit., p. 158). 이러한 경우에는 어느 것이 주요한 사실인가? 인간으로 하여금 분수를 진정시키도록 강요하는 정서인가 아니면 어떤 성인이나 어떤 신의 형태로 불러내는 정서인가? 이에 대한 답변은 여전히 의문 상태에 있다. 주요한 사실은 신성한 존재를 발명하려 눈을 치유할 수 있다고 믿는 것이며, 그러한 목적을 위해 아스클레피오스(Aesculapius: 로마 신화에 나오는 의술의 신)[14]나 산타 루치아(Santa Lucia)[15]에 의지하는 것은 부차적인 일이다.

이교도 신 헤카테(Hecate: 천지 및 하계를 다스리는 여신) 대신에 기독교 악귀를 불러내는 것 또한 그러하다. 이때 가장 주요한 사실은 신을 불러내는 것이 갖는 효험에 대한 믿음이다. 어떤 신앙이 다른 신앙에서 기원한다고 생각하는 것은 전혀 맞지 않는 이야기다. 그 두 신앙이 공통된 기원을 가진다고 보는 것이 훨씬 진실에 가깝다. 인간은 자신에게 봉사하도록 신비한 힘을 지배할 수 있다고 생각한다.

때문에 종파 A가 다른 종파 B, C 등을 물리친 것은 확실히 내용(substance)에서 승리하는 것이 아니라 종종 형식(form)에서 승리한 것으로 보이기도 한다. 루키아노스(Lucian: 2세기 그리스의 풍자 작가)의 개념들과 예언가 알렉산더(Alexander) 찬양자들의 개념들은 확실히 내용에서 서로 문제를 제기한다. 만일 루키아노스의 개념들이 승리했다면 유럽의 역사는 지금 우리가 알고 있는 역사와는 완전히

---

14 아스클레피오스(Aesculapius): 로마 신화에 나오는 의술의 신 – 옮긴이.

15 산타 루치아(Santa Lucia): 나폴리 수호신의 이름. 나폴리 해안거리의 지명이기도 하다. 1850년 이탈리아의 작곡가 코트라우가 이 해안에서 황혼의 바다로 배를 지어 떠나는 광경을 배경으로 작곡한 노래로 나폴리의 어부들 사이에서 애창되어 오늘에 이른다 – 옮긴이.

다르게 전개되었을 것이다. 그런데 알렉산더 찬양자들의 개념들과 다른 예언가들 찬양자들의 개념들은 (오로지 그런 것은 아니지만 거의) 형식에서 문제를 제기한다. 이들 개념 중 어느 하나가 다른 것들을 압도하더라도 역사는 크게 달라지지 않았을 것이며, 승자하더라도 (형식과 관련해서조차) 패자에게 많은 양보를 할 수밖에 없다.

여기는 이러한 거대한 정서 흐름이 어떻게 발생했고 어떻게 발달해 왔는지를 탐구하는 자리는 아니다. 또 그 흐름의 기원이 무엇인지(유물론자는 역사가 오로지 경제적 조건에 있는 것으로 해석한다) 또는 (그 흐름의 기원을 추적할 수 있는) 다른 요소들도 동시에 발생하는지를 탐구하는 자리가 아니다. 이러한 문제들을 단번에 풀어버리려고 하는 것은 사실 비과학적인 처사이다. 그러한 문제들은 하나씩 차례로 연구해 나가야 한다. 오늘날에는 그 흐름의 존재를 당연한 것으로 받아들이고, 우리는 또 다른 시기와 장소에서 더 나은 연구에 착수하려고 노력할 것이다.

4. 인간의 역사는 특정 엘리트가 연속적으로 교체되는 역사이다

이러한 흐름들에 (대체로 잘 모르고) 이끌리는 사람들 그리고 우리가 살펴보았듯이 비자발적 행동을 논리적 행동만큼이나 자발적이고 비논리적인 행동으로 표현하고 싶어 하는 사람들은 기묘하게도 상상의 이유들을 고안해낸다. 그들은 이러한 상상의 이유들을 자신들이 행한 행위의 진정한 동기에 대해 다른 사람들은 물론 자신들까지도 속이는 데 이용한다. 분파 A, B 등등 사이에서 형식을 둘러싸고 일어나는 논쟁들은 별 의미 없이 횡설수설하는 담화 속에서 종종 증발하고 만다.

예를 들어, 비잔틴 시대에 일어난 기독교 종파들의 분쟁에 대해 연구하고 싶어 하는 사람은 자신이 정신병자 수용소 안에 갇혀 있다는 것을 발견하는 것으로 결말을 맺을 것이다. 그리고 대체로 그같이 형식과 관련된 문제들 사이에서 내용과 관련하여 약간의 문제가 생겨나더라도 몽테스키외(Montesquieu)가 신학에 대해 다음과 같이 말한 것을 상기하면 별 문제가 없을 것이다. "신학은 그것이 다루고 있는 내용과 그것을 다루는 방식 때문에 이중으로 이해하기가 어렵다"[Montesquieu, *Charles Louis de Secondat, Baron de la Brede et de, Lettres Persanes*(Paris: Hachette et Cie., 1913), CXXXIV].

프랑스 민족주의자들의 담론을 읽어보면 사람들은 프랑스 국민들이 전부 제정신인지 의심하기 시작한다. 그러나 이 말 속에는 내용과 관련한 아주 중대한 문제가 숨어 있는 것같이 보인다. 왜냐하면, '민족주의(nationalism)'는 오늘날 프랑스에 존재하는 사회주의에 저항하는 유일한 형식이기 때문이다.

논거가 아무리 정당하더라도 해당 이유들이 내용과 관련된 경우는 좀처럼 일어나지 않는다. 1789년 혁명 전야에 프랑스에서 나타난 담화는 오로지 '박애(humanity)', '감수성(sensibility)', '우애

(fraternity)'에 관한 것뿐이었다. 실제로 당시 자코뱅당원들(Jacobin)은 암살과 약탈을 준비하고 있었다. 오늘날 이 아름다운 게임은 다시 한 번 시작되고 있으며, 우리의 부르주아지는 우아하게 '연대(solidarity)'를 주장하고 있기는 하지만 실제로는 결국에는 그 연대를 파괴할 엄청난 재난을 준비하고 있는 것이다.

잠깐의 시기를 제외하고 사람들은 항상 엘리트(elite)의 통치를 받고 있다. 나는 엘리트(이탈리아어로 aristocrazia)라는 단어를 어원학적으로 가장 강력하고, 가장 열정적이고, 가장 유능한 사람이라는 의미(여기에는 악한 의미와 선한 의미가 동시에 함축되어 있다)로 사용한다. 그렇지만 엘리트가 지속되는 것은 중요한 생리학적 법칙 때문이 아니다. 즉 인간의 역사는 특정 엘리트가 연속적으로 교체되는 역사이다. 한 엘리트가 부상하면 다른 엘리트는 쇠퇴한다. 그렇지 않고 종종 다른 형태로 나타날 수도 있긴 하지만, 그것이 엄연한 실제 현상이다.

새로운 엘리트가 종래의 엘리트를 밀어내려 하거나 아니면 단지 종래의 엘리트와 권력과 명예를 나누어 가지고자 하는 경우에는 그들은 솔직하고 공개적으로 그렇게 하는 것을 허용하지 않는다. 새로운 엘리트는 그렇게 하는 대신에 자신이 모든 피억압계층을 통솔하는 책임을 떠맡고, 자기 자신만의 선을 추구하는 것이 아니라 다수의 선을 추구한다고 천명한다. 또 새로운 엘리트는 일부 제한적인 계층의 권리를 위해서가 아니라 전체 시민의 권리를 위해 싸운다고 천명한다.

물론 새로운 엘리트는 승리를 쟁취하자마자 곧바로 종전의 동맹 세력을 진압하여 물리치거나 아니면 기껏해야 형식적으로만 약간의 양보를 한다. 이러한 점은 로마제국에서 평민과 귀족(patres)이 치른 투쟁의 역사에서 고스란히 나타났으며, 부르주아계급이 봉건 귀족을 누르고 승리한 역사에서도 똑같은 현상이 나타났다. 현대 사회주의자들은 이러한 승리에 주목하고 있다.

판탈레오니(Pantaleoni)[16]는 최근에 쓴 논문(Pantaleoni, "Il secolo ventesimo secundo un individualista," *Flegrea*, April 20, 1900)에서 사회주의가 승리할 것이라는 사실을 부인하고 있다. 나는 사회주의의 승리는 곧 실현될 것이고 거의 불가피하다고 주장한 바 있다(Pantaleoni, in *Journal des Economistes*, May 1900). 이 두 주장은 서로 상반되는 것처럼 보이지만 실은 그렇지가 않다. 왜냐하면, 우리는 서로 다른 주제를 논하고 있기 때문이다. 판탈레오니는 주관적 현상(subjective phenomenon)에 초점을 맞추었고 나는 객관적 현상(objective phenomenon)에 주안점을 두었다. 근본적으로 우리의 견해는 일치한다.

다음과 같은 경우를 살펴보자. 유대 땅(팔레스타인 남부에 있었던 고대 로마령)에서 최초의 기독교 공동체가 생겨났을 당시 누군가가 다음과 같이 주장했다.

---

16 마페오 판탈레오니(Maffeo Pantaleoni): 1880년대 말기 파레투가 이탈리아의 자유무역 논쟁에 점차 개입하면서 접촉하게 된 경제학자이다-옮긴이.

"그 사람들은 결코 세상의 주인이 되지 못할 것이다. 사람들 사이에서 부와 문화와 사회적 지위의 차이가 사라진다고 믿는 것은 얼토당토않은 얘기다. 모든 사람들이 진정으로 형제가 된다는 것, 모든 사람이 감각적인 쾌락을 물리친다는 것, 여인의 육신에서 그들이 영생의 광채를 본다는 것 모두가 어리석은 얘기다. 지금부터 천년 동안 부유한 자와 가난한 자, 왕과 백성, 강력한 자와 연약한 자가 존재하게 되는 것을 당신은 당연하게 여길 것이다.

그리고 수많은 생명체가 폭식, 욕심, 분노에 빠져들 것이라고 당신은 확신할 것이며, 새로운 형제들이 동료형제들을 지속적으로 배신할 것이라고 확신할 것이다." 그 사람 말이 옳을 수도 있었다. 최초의 기독교도들이 생생하게 보여준 바처럼 그리스도가 지배하는 세상이 분명 도래할 것이다. 그러나 기독교가 최종 승리를 하게 될 것이라고 주장한 사람들 말이 잘못된 것은 아니다. 사실이 그것을 입증해주었다. 여기서는 전혀 다른 실체들을 하나의 동일한 용어로 언급하고 있는 것이다.

시간상으로 더 가까워서 우리에게 더 잘 알려진 시대를 살펴보면 그 같은 사실을 좀 더 적절하게 비교할 수 있을 것이다. 우리가 1789년 혁명이 발발하던 프랑스에 있다고 상상해보자. 그때 누군가가 이렇게 말했을 것이다.

"국가를 개혁하고 싶어 하는 이 선량한 사람들은 꿈을 꾸고 있다. '사회계약(contrat social)'을 누가 믿겠는가? — 보편적인 것(the universal)은 실수를 하지 않는다. — 정말이다! 이것이 바로 아무리

비대하더라도 실수를 하지 않고, 아무리 제정신이 아니더라도 미신을 믿지 않는 이유이다.

실수를 하거나 미신을 믿게 되면 어느 시대 어느 장소에서도 전체 사람들로부터 때로는 거의 모든 사람들로부터 지지를 받지 못한다. — 사람들은 모두 착하게 태어나는데, 성직자와 군주들이 그들을 악하게 만든다. 명백하게도 어린이들조차도 이러한 우화를 믿으려 하지 않는다. 만약 이 아름다운 원리가 당신이 세운 새로운 정부의 버팀목이라면, 그런 버팀목을 실제로 보려면 당신은 수천 년을 기다려야 할 것이다. — 이성(reason)이 지배하는 시대가 막 시작되고 있다. — 당신은 얼마나 형편없는 심리학자인가! 많은 사람들에게 대부분의 인간 행동은 수세기가 지나더라도 지속적으로 감성(sentiment)에 의해 결정될 것이다. — 이성의 지배하에서는 선량하고 정직하고 덕망이 높고 '섬세한' 사람이 부드럽게 그리고 충격 없이 현재의 상황을 변화시킬 것이다.* 그렇게 될 것이라고 믿는 자는 사나운 야생동물이 온순한 비둘기로 변했다고 해도 믿을 것이다.

* 1759년에 다르젱송(d'Argenson)은 다음과 같이 썼다. "자유정부와 반(反)군주정부의 철학적 바람이 불어 닥치고 있다. 어쩌면 우리들 마음속에는 이미 이러한 정부가 수립되어 있는지도 모른다. 이것이 처음으로 실행되는 기회일 것이다. 아마도 생각한 것만큼 큰 반대 없이 혁명이 일어날 것 같다. 오히려 환영을 받으며 혁명이 성취될 것이다."

당신이 읽는 문학은 모두 그릇된 전제들에 의지하고 있다. 당신 앞에서 '자연인'의 미덕에 대해 격찬을 하다가 기절하는 아름다운 숙녀들은 자신이 무슨 말을 하고 있는지도 모르는 어리석은 여인들이다. 다음 세기에도 지금 세기의 사람들과 거의 다를 바가 없는 사람들을 만나게 될 것이라고 당신은 굳게 믿을 것이다. 당신이 따르는 철학자들이 제안한 다음 시대는 결코 오지 않을 것이다."

또 다른 어떤 사람은 이렇게 답변할 것이다.

"맞아! 모두 맞는 말이야. 지금도 그렇고 앞으로도 대중이 안정되게 지배를 하는 시대는 오지 않을 것이다. 당신 말이 옳소, 우리의 철학자들이 노래하는 평화와 미덕의 전원시는 우화만큼이나 현실적이다. 그러나 이러한 단어들 배후에 숨어 있는 것을 보라. 그러면 당신은 하나의 과두세력(oligarchy)이 부상하여 다른 세력을 물리칠 준비를 하고 있는 것을 보게 될 것이다.

새로운 과두세력은 에너지와 힘이 자기편에 있어서 분명 승리할 것이다. 만약 종래의 엘리트가 강력하고 그러는 동시에 아량이 있고 또한 현명하다면 피를 흘리지 않고 승리하게 될 것이다. 또 만약 새로운 엘리트가 "평화를 원하거든 전쟁을 준비하라"는 격언을 명심하면서, 한편에서는 당당하게 싸울 준비를 하고 다른 한편에서는 평민층에서 출현하고 있는 사람들을 모든 계층에 적시에 받아들이는 방법을 알고 준비를 하고 있으면, 피를 흘리지 않고 승리하게 될 것이다.*

* 니부어(Niebuhr)는 고대 로마 사람들과 비교하기 위해 아일랜드 사람을 선택하여 말하는데, 이것은 모든 장소 모든 시대에 해당된다. "가난한 사람들의 고통과 절망은 그들 지도자에게는 가장 강력한 무기이다. 법이 가난한 사람들을 하나의 통일체로 묶어내지 못한다면 그 지도자들은 가난한 사람들의 고통에 무관심할 것이다."

그러나 체제가 변화할 때는 종래의 엘리트가 많은 눈물과 많은 피를 흘리게 된다. 왜냐하면, 한편으로는 종래의 엘리트는 광기를 부리며 어리석은 박애주의 담화만 되풀이하여 결국 무장해제 되어 점차 약화되기 때문이고, 또 한편으로는 종래의 엘리트가 새로운 엘리트를 물리치고 그리하여 일어서서 싸우게끔 몰고 가기 때문이다."

각종 사건들은 두 견해 모두 옳고 서로 모순되는 점이 전혀 없다는 것을 증명해주고 있다.

토크빌(Tocqueville)은 "프랑스혁명은 종교혁명의 효과를 가진 정치혁명이며, 어떤 면에서는 한 가지 측면을 취했다"고 보았다. 혹자는 이 명제에서 의문스러운 점이 있다는 것을 빠트릴 수 있으며, 프랑스혁명은 종교혁명으로 준비는 상위계층이 하였으나 나중에는 그들에 대항하는 것으로 전개되었으며, 또 프랑스혁명은 새로운 엘리트 — 부르주아지 — 에게로 권력을 넘겨주었다고 확신할 수 있다.

프랑스혁명은 볼테르(Voltaire)[17]와 백과전서파(Encyclopedist)[18]에서 파생되었다고 일컬어지기도 한다. 이 말은 박애주의적 회의주의가 상층계급의 세력을 약화시켰다는 점에 한해서만 약간만 타당하고 특정한 의미에서만 타당하다. 볼테르와 백과전서파가 하층계급에

---

17 볼테르(Voltaire, 1694~1778): 프랑스의 철학자, 역사가, 문학자. 17세기 고전주의의 계승자로 계몽주의 운동의 선구자이다. 어릴 적 예수회 학교에서 공부하였으나 1717년 오를레앙 공의 섭정을 비방하는 시를 썼다는 이유로 투옥되었고, 옥중에서 비극『오이디푸스』를 완성하여, 국외 망명을 조건으로 석방되어 1726년 영국으로 갔다가 1729년에 귀국하였다. 사상극『자이르』(1732), 『철학서간』(1734) 등에서 영국을 이상화하고 프랑스 사회를 비판한 이유로 정부의 노여움을 사게 된다. D. 디드로, J. J. 루소 등과 함께 백과전서(百科全書) 운동을 지원하였으며, 백과전서파의 한 사람으로서 중요한 역할을 하였다. 그는 무신론자는 아니었지만 봉건적 미몽과 종교적 광신을 강력하게 비판하고 이를 진보의 적으로 간주하였다. 또한 그는 만인은 법 앞에 평등하다는 것을 주장하며 처음에는 입헌군주제를 이상화했으나 만년에는 공화제를 찬성하였다 - 옮긴이.

18 백과전서파: 18세기 중후반 프랑스에서『백과전서(*Encyclopédie*)』(1751~1781 간행)의 집필과 간행에 참여한 계몽사상가의 집단. 『백과전서』는 프랑스혁명이 발발하기 전 구체제하에서 디드로, 달랑베르 등의 감수(監修)로 이루어진 과학·기술·학술 등 당시의 학문과 기술을 집대성한 대규모 출판사업이었다. 『백과전서』는 근대적인 지식과 사고방법으로 당시 사람들을 계몽하고 권위에 대하여 비판적인 태도를 취하였기 때문에 결국 프랑스혁명의 사상적 배경이 되었다 - 옮긴이.

미친 영향은 제로에 가까울 정도였으며, 혁명은 넓은 의미에서 보면 대체로 상층계급의 회의주의에 대항하는 하층계급의 종교적 정서에 의한 반작용이었다. 종교개혁 시대에도 부분적으로 동일한 현상이 일어났다. 그때도 신권주의적인 상층계급은 회의주의에 빠졌다. 당시에는 교황은 천상의 이해관계보다는 지상의 이해관계에 훨씬 더 많은 관심을 가지고 있었다.

세련되지 않은 북유럽 민족들 사이에서 종교개혁이 먼저 일어난 것은 우연이 아니었다. 그곳에서는 기독교의 종교적 정서가 매우 활발하게 전개되었는데 반면에 세련되고 회의적인 이탈리아에서는 극히 일부만 기독교로 개종을 하였다. 그 즈음에 종교적 반발이 기독교 형식을 띠고 나타났다. 1789년 프랑스에서는 종교적 반발이 사회주의, 애국주의, 혁명적 그리고 반(反)기독교적 형식을 취했다. 이 두 경우는 다른 형식들 취했지만 동일한 질서의 정서를 포함하고 있었다.

프랑스혁명에서 비롯된 새로운 엘리트, 즉 부르주아지의 지배는 단기간 동안만 지속되었고, 혁명이 일어난 지 한 세기도 못 되어서 적어도 프랑스에서는 심각하게 퇴조하는 징후를 보였다. 한편, 미국, 독일 그리고 다른 여러 나라들에서는 부르주아지의 지배가 상당히 활기를 띠고 지속되고 있다.

객관적 관점에서 현상을 파악하면 크게 세 가지 부류의 사실이 나타난다. 첫째, 종교적 정서가 점점 강렬해지고 있다. 이러한 현상은 우리가 위기가 가중되는 시대에 살고 있다는 것을 드러낸다. 둘째,

종래의 엘리트가 쇠퇴하고 있다. 셋째, 새로운 엘리트가 부상하고 있다.

  주관적 관점에서 보면, 첫 번째 부류의 사실은 크게 왜곡되지 않고 우리의 의식 속에 투영되고 있음을 알 수 있다. 한편 두 번째 부류의 사실은 현실과는 매우 다른 형태를 취한다. 종래의 엘리트의 쇠퇴는 박애주의 정서와 이타주의 정서가 증대하고 있음을 나타낸다. 새로운 엘리트의 부상은 강력하고 힘센 세력에 대항하는 비참하고 허약한 계층을 옹호하는 것으로 보인다.

제2장
종교 위기의 고조기

1. 인간활동 속에 침투해 들어가는 종교적 정서

 아주 피상적으로 연구를 하더라도 지난 몇 년 사이에 문명국가에서는 종교적 정서가 크게 성장하였으며 지금도 여전히 증대하고 있음을 알 수 있다. 이러한 현상은 기존에 존재하는 모든 종교 형태들―주로 여러 기독교 종파들―에도 이익이 될 뿐만 아니라 사회주의에서 표출되고 있는 종교적 정서의 새로운 질서에도 활력을 불어넣어 주고 있다. 많은 훌륭한 사람들―그중에는 사회주의자들뿐만 아니라 사회주의 반대자들도 있다―은 사회주의가 이제는 하나의 종교라는 것을 분명하게 인정하고 있다.
 역사를 연구하는 사람은 이러한 종교적 현상이 지금까지 지구상에 존재한 가장 위대한 종교들 사이에서 나타나고 있으며, 그러한 현상은 오직 불교, 기독교, 이슬람교의 발흥 및 종교개혁, 프랑스혁명에만 비견될 수 있다는 것을 명심하고 있어야 한다.
 더 나아가 애국주의(patriotism)가 새로이 부각되면서 종교 형태를 띠고 있다. 독일에서는 어느 권위 있는 평론에서 애국주의를 '독일의 신(German God)'이라고 표현하기까지 하고, 영국에서는 그것이 '제국주의(imperialism)'를 통해서 종교 형태를 취하고, 프랑스에서는 '민족주의(nationalism)'를 통해서, 미국에서는 '맹목적 애국주의(jingoism)'를 통해서 각각 종교 형태를 취하고 있다.

종래의 종교가 부활하여 새롭고 강력한 종교가 발흥하는 가운데 이러한 거창한 현상들이 함께 나타나고 있는데, 거기에 더하여, 그보다 덜 중요한 다른 현상들은 어떻게 종교적 정서가 인간의 모든 활동 속으로 침투해 들어가는지를 밝혀주고 있다. 이제부터는 이러한 현상들이 종교 형태를 띠는 추세는 거스를 수 없는 것처럼 보인다.*

* 드에름(Deherme)[1]은 자신이 펴낸 잡지 『이념들의 제휴(*Coopération des idées*)』에서 공공연하게 다음과 같이 적고 있다. "우리는 그리스도의 우둔함을 가진 순교자를 보듯이 연대(solidarity)의 우둔함을 볼 수밖에 없다." 몰리넬라(Molinella)[2]의 파업 참가자들은 성인들과 성모 마리아 상을 집어 던지고 그 대신에 마르크스와 프람폴리니(Prampolini)의 상을 대신 세웠다.

---

1 조르주 드에름(Georges Deherme): 프랑스의 초기 민중대학의 산파 역할을 한 인물. 드레퓌스사건 당시 노동자였던 드에름은 반유태주의가 정보와 성찰의 부족에서 시작된다는 사실을 직시하고, 노동자계층과 지식인들이 만날 수 있는 모임을 주선하는데, 이 모임이 민중대학의 탄생으로 이어지게 되었다 - 옮긴이.
2 몰리넬라: 이탈리아 볼로냐 광역시의 일부로 볼로냐 중심에서 북동쪽으로 약 30km 떨어진 지방 - 옮긴이.

음주는 인류에 해롭다고 주장하는 소박한 평민들을 예로 들어보자. 이들의 활동은 적절한 위생예방 조치를 제시하는 온건한 방법에만 그치지 않고 그러한 조치를 뛰어넘어 종교적 승화단계에까지 이른다.*

* 나는 무작위로 예를 선택한다: "술 주시오! 술 주시오! 그것들은 끝장을 봐야 할 만큼 단호하게 당신과 싸움을 하지 않는다. 그것들은 당신을 몹시 싫어하고, (적어도 그들이 말한 것만큼) 당신을 두려워하지만, 당신을 완전히 제압할 때가 될 때 그것들은 멈칫한다. 그런데도 당신은 가장 순수한 영혼을 오염시키는 것으로 시작하고, 가장 건전한 정신을 더럽히며, 당신 가까이에 다가오는 것과 (술을 같이 마시기 위해, 이것은 얼마나 아름다운 시적 이미지인가) 당신에게 구애하는 사람들을 유혹하여 그것들을 마구 먹어치운다. 대다수 사람들은 뼛속까지 썩도록 최후의 파멸에 이를 때까지 지칠 대로 질질 끌려 다니고 죽음이 다가오는 순간에 딸랑이를 바닥에 떨어뜨리고, 자기 앞에 독이 든 마지막 잔을 두고 시체를 다 먹어치운다"(*Le bien social*). 이 마지막 표현들은 아마도 시적 구성을 낮은 수준에서 고양시키기 위한 것이다.

"인류 불행의 9할(이런 통계 수치가 나올 줄 누가 알랴), 모든 범죄의 3/4(엄청나게 정확한 범죄 통계)의 원인인 술, 방종, 잔혹함, 게으름, 조숙한 치매로 인해 수많은 개인을 파멸로 이끄는 술, 악폐, 무시무시한 형벌, 가족파괴의 원인, 아동질병의 원인인 술, 막대한 저주와 혐오인 술—모든 사람이 분기탱천하여 술에 맞서 싸워야만 할 것 같다. [이것은 이교도와

논쟁하는 신도처럼 들리지 않는가?] 그런 종류의 일은 일어나지 않는다. 같은 프랑스식 용어를 잘 사용하지 않는다]) 그것을 무의식중에 전파하는 의사들—그들은 이 독의 적이다—은 그리 많지 않다"(*Le bien social*). 이같이 멋진 욕설을 하는 단순한 목적은 기시나무 와인 사용하는 것을 비난하기 위한 것이다 ... nascetur ridiculus mus.[3]

구성원의 일부가 존경스러운 과학자들로 구성된 어느 협회가 다음과 같은 광고전단을 출판한다. "…술은 특히 뇌에 독입니다…. 조금만 섭취해도 명백히 사고과정을 느리게 합니다. 이것은 크레플린(Kraeplin), 스미스(Smith), 퓨러(Furer) 등의 저작들에 따른 것입니다…." 폭음을 즐기는 비스마르크는 생각하는 과정이 매우 느렸다고 한다. 마찬가지로 나폴레옹 1세, 카이사르, 크롬웰, 소크라테스, 베르길리우스, 호라티우스 등은 정신박약자였다. 우리가 위대하다고 생각하는 거의 모두가 그러했다고 할 수 있다. 우리가 알고 있는 한에서 물만 마시는 사람은 극히 드물기 때문이다. 그러면 위인이 되려면 알코올음료를 완전히 마시지 말아야 한단 말인가! 여전히 술을 마시는 사람들이 그것을 인식하지 못한다면 그것은 필경 사고과정이 느리기 때문이다.

우리가 이러한 예를 든 것은 이러한 사람들이 알코올음료의 남용하고만 맞서 싸우려 한 것—이 점에 대해서는 우리 모두가 동의한다—이 아니라 가장 적당하게 사용하는 것까지도 맞서 싸우고자 한다는 것을 보여주

---

3 직역하면, 산이 힘을 쓰면 어리석은 쥐가 태어난다. 곧 태산 명동(泰山鳴動)에 서일필(鼠一匹)(호라티우스 시의 한 구절) - 옮긴이.

기 위해서다. 그 예는 얼마든지 들 수 있다. 바로 이 점에서 종교적 및 종파적 정서를 묘사할 수 있다.

  이 운동은 인간이 포도주 한 잔도 못 마시게 할 수 있다고 생각하는 금욕주의자, 전도자 그리고 모든 희생을 감수할 준비가 되어 있는 순교자를 낳게 한다. 만일 그들이 그렇게 하는 데 성공을 한다면, 그들은 마치 기독교 전도사가 자신들이 "영혼을 구제했다"고 말하듯이 자신들이 "인류를 구제했다"고 말할 것이다.*

* 르낭(Renan)은 「마르쿠스 아우렐리우스(Marc Aurele)」에서 기독교신앙의 많은 경쟁상대 중 하나인 미트라의 예배에 대해 언급하면서 다음과 같이 말한다. "그의 예배당은 작은 교회와 매우 흡사했다. 그는 초심자들에게 형제애 같은 유대를 심어주었다. 우리는 스무 번을 되풀이해서 말했다. 그것은 엄청난 시간을 필요로 합니다. 사람들은 서로 사랑을 할 수 있고, 서로 북돋워주고 돌봐주는 그런 집회를 원한다. 그것이 우애이다. 그것은 모든 공허함을 달래주고, 유대인 집회 같이 어린애 같은 야망을 악의 없이 발전시키기 위해 한 걸음 물러서는 것이다(인간은 완벽하지 못하기 때문이다)." 오늘날에도 우리는 그와 똑같은 것을 가지고 있다. 위생상태를 구실로 어리석은 원리를 설교하는 어느 협회의 간사는 자신이 위대한 인물이라고 생각한다. 성직자나 목사들은 자기 교구민들이 금주협회나 윤리 관련 협회 등의 집회에 참여하려고 사원이나 교외에 나오지 않

는다고 불평한다. Renan, Ernest, "Marc Aurele", in *Oevres completes* (Paris: Calmann-Levy, 1947~1958), Vol. V(1952).

굿템플러즈(Good Templars: 금주운동을 벌였던 19세기의 비밀결사) 같은 여러 금주운동단체들이 존재했는데, 이들 단체는 도미니크수도회(Dominicans)[4]나 프란체스코수도회(Franciscans)[5] 또는 유사 단체 등의 여러 종교 수도회와 비교할 만하다. 이들 단체는 입회식, 각종 의례, 신비한 증서를 갖추었고, 신비로운 연설로 사람들을 황홀하게 했다.

그 밖에도 오늘날 적지 않은 위생학자들이 자신들의 교의를 옹호하는 데 너무 흥분한 나머지 이성의 빛을 잃어버리지 않은 사람들에게는 그들이 황홀경에 빠진 것처럼 보이기도 한다. 말하자면, 그

---

4 도미니크수도회: 1216년 성 도미니크(1170~1221)가 설교와 청빈한 삶을 통해 그리스도교를 전파할 목적으로 설립한 로마 가톨릭의 수도회로 같은 해 교황 호노리우스 3세에 의해 인준되었다. 도미니크는 청빈을 강조하여 탁발 생활을 원칙으로 하는 규약을 제정하고 개인과 교회가 재산을 소유하지 못하게 함. 이후 영국, 스칸디나비아, 헝가리, 독일 등 전 유럽으로 급속히 확장되었다 – 옮긴이.

5 프란체스코수도회: 1209년 프란체스코가 세운 최초의 탁발 수도회. 정식 이름은 '작은 형제의 수도회'로 청빈한 생활을 강조하며, 교육과 포교 따위의 사업을 통하여 그리스도의 사랑을 전파하였다. 수사, 수녀, 평신도 3부가 있다 – 옮긴이.

들은 오직 자신의 건강을 지키기 위해 사람을 죽일 준비가 되어 있는 것이다. 그래서 그들은 탐구하는 것 이상의 의미를 보여주지 않는다. 그들은 영혼을 구제한다는 구실로 많은 사람들을 불 태워 버렸다.

　다른 사람들은 '불후의 명작소설'을 샅샅이 찾느라 우여곡절을 겪었으며, 그 결과 그들은 공정한 검열의 한계를 원만하게 뛰어넘는다. 그들 중에는 분명 모두에게 추천할 만큼 높이 존경할 사람이 있지만, 그들 가운데에서 이러한 주제에만 마음을 고정시키고 다른 것들에 대해서는 전혀 고려하지 않는 사람들이 있다는 것을 보게 되면 이상하게 보일 것이다. 그들은 음란한 용어들 속에도 높은 도덕적 이상이 있다고 말한다. 어느 도시에서 그들은 중학교에 다니는 어린 학생들에게 윤락가를 폐업해 달라는 청원서에 서명해달라고 요청했다. 그 청원서는 정말로 외설적인 언어로 가득 차 있었다. 이러한 사람들 가운데 극도로 긴장상태에 있는 사람과 대화를 할 때 우리는 때때로 그의 얼굴이 얼마나 붉어졌는지, 그의 눈이 얼마나 빛나는지를 알 수 있다. 요컨대 그의 얼굴에는 남자가 여자를 갈망하는 징후가 역력하게 나타나 있다. 그는 남녀의 결합에 대해 끊임없이 논의하면서 사랑의 쾌락을 즐기는 사람에 대해 무시무시할 정도로 강렬한 증오심을 드러내고 있다.

2. 사회주의도 하나의 종교인가

그러나 종교적 정서 일반 이외에도 여기에는 또 다른 원인이 존재한다. 만약 내가 실수하지 않는다면 내가 보는 그 원인은 이러하다. 성애 감정(erotic sentiment)은 때때로 종교적 정서를 위장한 것이라고 이미 지적한 바 있다. 그러한 사례에 대해서는 많이 언급되고 있는데 특히 히스테리컬한 여성의 경우가 그러하다. 그런데 [만약 다른 시대(이를테면 17세기 말엽)에 살았더라면] 자신을 지배하는 성애 감정에 별로 애를 쓰지 않고 굴복한 일부 남자들에게도 그런 현상이 나타나고 있다.

오늘날에는 주위환경이 많이 달라졌기 때문에 그들은 양심의 가책을 느끼고 최대한 절제된 생활을 하려 한다. 그러는 동시에 그들은 억누를 수 없는 식욕을 말로 채운다. 전반적으로 이들은 비도덕적인 일을 도덕적으로 전념할 수 있는 기회를 발견하게 된 데 기뻐한다. 그들은 양심의 가책을 느낄 때 마음이 편안해지며, 그것으로 대리 만족을 느끼게 된다.*

---

* Ibid., "엔크라테이아파(Encratites)[6]의 위선적인 순결은 종종 무의식적인

6 엔크라테이아파(Encratites): 2세기 시리아의 수사학자 타티아노스가 이끈 그리스도교 금욕주의 분파. '엔크라테이아'라는 이름은 이 분파의 금욕(그리스어로 enkrateia) 교리에서 유래하였다. 이 분파는 혼인·육식·음주를 금지했고, 성찬식 때도 포도주 대신 물이나 우

사기에 불과했다. … 성인 네레우스(Neree)와 아킬레(Achillee)의 소설은 매우 혼란스럽고 자극적이다. 사람들은 그보다 더 육감적으로 순결하지 않았다. 그보다 더 결혼을 순진하고 부끄럼 없이 논할 수 없다. … 여자를 두려워하는 사람은 대체로 자신을 가장 사랑하는 사람이다. 금욕주의자에게 얼마나 자주 올바르게 이야기할 수 있을까?"

내 친구 중 한 사람이 부유하고 아름다운 어느 숙녀를 알게 되었다. 그녀는 성장기에는 그렇게 정숙하지는 않았지만 나이가 들면서 신앙심이 깊어져 갔다.

그럼에도 그녀는 여전히 욕망을 불태울 만큼 충분히 매력적이었다. 그녀는 우러러볼 만큼 열정적으로 그리고 매우 희생적으로 매춘부의 사회복귀제도를 마련하는 데 일생을 바쳤다. 내 친구는 그녀의 의도가 정직하다는 것을 확신했으며, 그는 그녀가 사도(使徒)로서 엄청난 열정을 가졌다는 것을 그녀가 이런 식으로 과거를 성찰하고 그럼으로써 쾌락을 느꼈다는 사실을 가지고 설명했다.

그때 그녀는 한 점의 양심의 가책도 없을 뿐만 아니라 선행을 수행한다고 느꼈다. 일부 의기양양한 도덕주의자가 금욕을 잘 지키지 않는 사람에 대해 가지는 극도의 혐오감은, 종교적 및 종파적 정서(이것을 위해 이교도는 자신을 죽이고 파멸시킨다)에서 비롯되기도 하

유를 이용하였다 - 옮긴이.

지만 한편으로는 혜택 받지 못한 자가 혜택 받은 자에 대해 또는 거세된 남자가 활력이 넘치는 남자에 대해 부지불식간에 또는 의도하지 않게 분노하면서 생기는 시샘에서 비롯되기도 한다.

채식주의자들 역시 한층 더 바보 같은 부류이다. 그들은 토양이 육류보다 훨씬 더 많은 곡식과 쌀을 생산할 수 있다고 생각했고, 그리하여 더 풍부한 식량을 가지기 위해 육류를 없애고자 한다. 지금 엄청난 신망을 받고 있는 신비스런 사회적 부류가 있다. 이 부류의 사람들은 자신들의 테제를 바탕으로 하여 생리학 실험을 했는데, 이 실험을 통해 우리 모두 너무 많이 먹을 수 있게 되어서 이제는 엄격하게 다이어트를 해야 한다고 주장한다. 이 훌륭한 신사들은 이렇게 해야 '사회문제'가 해결된다고 말한다.

왜냐하면, 엄청나게 많은 사람들을 위한 식량이 생산될 것이고 그렇게 되면 더욱더 많은 자손들이 생기게 되기 때문이다. 이러한 열광자들은 남자가 아들을 낳지 않은 여인과 함께 사는 것보다 더 큰 범죄는 없다고 본다. 그들에게 맬서스(Malthus)는 사탄이다. 그들은 그리스 시인과 라틴 시인을 매우 정숙하지 않다는 이유로 모두 불태울 것이다. 그들의 이상은 육류도 먹지 않고 술도 마시지 않는 금욕주의자이다. 이 금욕주의자는 사랑이 결혼의 이유가 아니라면 그는 어떤 사랑도 느끼지 못하고, 그에게 유일하게 남아 있는 쾌락은 어쩌면 사람들 사이의 연대를 위해 찬송가를 부르는 것뿐이다.*

* 그 같은 바보들은 어느 나라에나 있다. 어떤 사람들은 자신과 다른 사람

을 괴롭힘으로써 엄청난 기쁨을 경험한다. 우리는 버클(Buckle)이 스코틀랜드 장로교 성직자에 대해 저술한 내용을 읽을 필요가 있는데, 그들은 우리 시대의 근대적 금욕주의자들과 마찬가지로 민주적이다. "그들의 규약에 따르면, 모든 자연적인 애정, 사회의 모든 쾌락, 모든 유희, 인간의 모든 음탕한 본능들 모두 많은 죄악이다. 아름다움에 대해 생각한다는 것은 부당하다. 아니 진정한 아름다움이라는 것은 존재하지 않는다. 세상에 눈여겨 볼만한 가치가 있는 것이 어디에 있는가? … 그런 것은 없다. 있다면 그것은 스코틀랜드 교회일 것이다. 그것은 세상에서 가장 아름답고, 세상에 그에 비견할 만한 것은 없다. [오늘날 스코틀랜드 교회는 연대(solidarity)를 간단히 대체했다] … 일요일에 이 도시에서 저 도시로 가는 것은 죄악이다. 일요일에 친구 집을 방문하는 것, 과수원에 물을 뿌리는 것, 면도를 하는 것은 죄악이다. (오늘날에는 법까지도 개입을 한다. 어느 시민은 예배시간에 장을 보기 위해 물을 뿌렸다는 이유로 소송을 당해야 했다) … 가난한 것, 불결한 것, 굶주리는 것…언제나 탄식을 하고 애도하는 것…요컨대 지속적으로 괴로워하는 것…모두 고결함의 징표이었다. 그와 반대되는 것은 불충함의 징표였다."

몬타누스파(Montanist)[7]가 정통 기독교 교회에 대하듯이 그와 유

---

7 몬타누스파: 157년경에 프리기아(현재 터키의 일부)의 예언자 몬타누스가 시작한 종교운동에서 비롯된 그리스도교의 이단 종파. 이 종파는 영지주의(靈知主義)와는 달리, 직접 교회 내에서 일어난 반

사한 금욕주의자가 사회주의자와 마주치게 된다. 정통 기독교 교회는 그 교의를 어리석게 과장한 사람들을 자신들로부터 떼어내기 위해 그들을 멀리했어야 했다. 정통 기독교 교회는 한 장소에 묶여서 때로는 중세시대의 고행자나 얀센주의(Jansenist)[8] 공상가들처럼 아주 멀리 떨어진 다른 곳에서 새롭게 나타났다.*

* 이와 관련된 사례들은 매우 많지만 그 중에서 현재 논문이 신문에 실릴 때

동적인 교회 개혁운동으로 윤리적인 측면에서는 신약성서보다도 더욱 엄격하여 재혼을 금하고 대체로 혼인 자체에도 반대하는 등 극단적 금욕주의 성향을 띠었다. 한편 이 종파는 2세기 말에 급격히 약화되고 있던 초기 교회의 종말론적 신앙을 보존하려던 반동적 시도로 평가되기도 하였다 – 옮긴이.

8 얀센주의(Jansenism): 네덜란드의 주교이자 신학자인 얀센(Cornelius Jansen, 1585~1638)의 이름에서 유래한 가톨릭 분파. 얀센은 1540년에 창설된 예수회의 느슨해진 교리와 계율을 비판하고 인간의 원죄, 운명예정설 등 종교적 엄격주의를 주장하였다. 그 과정에서 얀센 반대파들에 의해 경멸적인 의미의 '얀센주의'라는 용어가 탄생하였다. 얀센의 교리는 1630년대에 프랑스로 전파되어 귀족사회에서는 현실 정치를 외면하고 종교적 경건성에 몰두한 얀센주의자들을 경계했다. 그리고 마침내 1653년 교황 인노켄티우스 10세에 의해 이단 선고를 받고, 절대군주 루이 14세에 의해 대대적인 박해를 받게 되었다. 얀센주의는 정식 종파나 교단으로 존재하지 않았음에도 불구하고 종교적 엄격주의, 교회의 허례허식 배제, 내면적 신앙심과 윤리적 실천주의를 통해 18세기 중엽에서 프랑스 혁명기에 정치적 저항의 토대가 되었다 – 옮긴이.

일어난 한 사례를 언급하는 것으로 충분하다.

《아반티(Avanti)》 1900년 7월 18일자에는 사회당의 한 분파 내에서 일어난 논쟁에 대해 다음과 같이 보도하고 있다. "사회당의 그 지역 분파는 11차 회의에서 만장일치로 두 형제 B의 직위를 박탈했다…. 형의 직위를 박탈한 것은 두 개의 도전을 막아내고 … 인격적 차이를 기사도적으로 해결하기 위해 사회주의자로서 그의 권리를 강조하기 위해서였다. 동생의 직위를 박탈한 것은 형과 합세하여 자신들이 완전하게 당원임을 공언하고… 몇몇 동료들에게 공공연하게 결투 의향을 보였기 때문이다." 위에서 언급한 신문은 상식적인 차원에서 다음과 같이 말한다. "형의 직위를 박탈한 것은 동생과 공동전선을 펴서 그리고 '결투 의향을 보였기' 때문이며, 이 모든 것들이 우리에게는 당이 해야 할 것에 대해 잘못된 생각을 가지고 있는 것으로 보인다. … 그렇게 하지 않는다면 당신은 오늘에는 당 규약에 사회주의자는 결투를 해서는 안 된다고 명시할 것이고, 내일에는 다른 누군가가 사회주의자는 절대금주를 해야 한다는 규약을, 그 다음날에는 사회주의자는 교회에서 결혼식을 올려서는 안 된다는 등의 규약을 제정할 것이며, 모든 개인 생활영역에 당 규약이 침투할 때까지 계속될 것이다. 이런 식으로 각 당들은 여러 개의 분파나 교파로 변형될 것이다."

그러나 분파주의자들은 무장해제를 거부한다. 진화는 그대로 진행된다. 《아반티》는 7월 30일자에서 "피사(Pisa)의 분파는 다른 분파의 (위에서 언급한) 규정에 공개적으로 반대하는 죄를 지은 세 '동지들'을 축출한 것에 대해 보도하고 있다. 이들 '동지' 중에는 《아반티》 통신원도 있었다. 그가 당을 위해서 이룬 업적에 대해서는 고려하지 않았다. 그는 일반 부르주아처럼 파문당했다. 언젠가는 사회주의 신앙에 대한 신성한 심문이 나올 날이 올 것이다.

이탈리아에 살고 있는 사람들은 수많은 건전한 사람들을 만날 수도 없고 또 소수의 광신도 무리도 만날 수 없는 해외에서 오래 살고 있어서, 근대 금욕주의 교의 같은 명확한 이념을 가질 수가 없었다. 그들은 진실 훨씬 아래에 있는 축소된 사실을 과장된 것으로 간주한다.*

* 상위계층 출신의 고매하고 교양 있는 젊은 여성으로서 대서양을 건너 도착한 어린 소녀가 공개 회의 석상에서 여성의 인공 임신 문제에 대해 토론하면서 한편으로는 그것이 사랑에서 성적 쾌락의 모성적 요소를 제거하기 때문에 도덕적 절차상의 문제가 있다고 주장하고 다른 한편으로 그것은 인류 종의 실질적 향상을 가져오는 수단을 제공하기 때문에 매우 유익하다고 주장한다면 이탈리아인으로서는 놀라지 않을 수 있을까? 그런데 이것이 실제로 있었던 이야기이다.

일부 금욕주의자와 도덕주의자들이 극찬하여 어린 소녀들에게 권장도서가 되고 있는 책 『순수성 학교(L'École de la pureté)』는 분명 탁월한 목표를 추구하고 있지만, 그 책이 도달하는 논점은 매우 특이하여, '목표가 수단을 정당화하지' 않는다면 그들을 변명하기 어려워진다.

로마시대부터 지금까지 이탈리아에서는 종교적 정서가 매우 약하게 나타난다. 언젠가는 이탈리아에서 프로테스탄트 종교개혁에 의해 이내 멈춰진 또 하나의 르네상스가 나타날지 누가 알겠는가?

3. 신비주의, 상징주의, 각종 미신들은 종교적 정서가 성장할 때 기승을 부린다

신령술이나 신비술(occulitism) 또는 그 밖의 유사한 미신들은 신도가 아주 적지는 않으나 종교적 정서가 전반적으로 성장할 때 한층 더 기승을 부린다. 예컨대 화성에서는 말로 한 언어를 글로 쓰는 신경이 과민한 연약한 여성의 광기를 매우 심각하게 받아들이는 사람들이 있다. 또 이러한 주제를 두고 신비주의에 매료된 여성과 소녀들이 몰려들어 각종 회의가 개최되고 있다.

파리에서는 대천사 가브리엘이 젊은 처녀의 입을 통해 속삭이며 말한다. 온갖 처방을 내린다는 돌팔이 의사는 신비한 방법으로 환자의 병을 치료한다. 여러 업적을 묘사할 만한 루키아노스가 없다면 아보노테키아(Abonotechia)의 알렉산더를 대신할 후보들도 없게 된다.

위기가 고조되는 시기가 아닐 때에는 그 같은 공상가들의 집단은 큰 규모로 확대되지 않고 그 영향도 아주 미미하다. 그러나 위기가 고조되는 시기에는 그 공상가들의 활동이 확장되어 전반적인 운동을 촉발하는 데 이바지하게 된다.

문학과 예술과 과학에 신비주의(mysticism), '상징주의(symbolism)' 그리고 그 밖의 여러 허구적 장식물이 대대적으로 침투하고 있다. 당신은 찬송가를 부를 때 부르고 싶은 종교적 형식은 언제나 선택할 수 있으나,* 그 찬송가는 꼭 불러야만 한다. 그렇게 하지 않으면 공중은 찬송가책을 사지 않을 것이고, 그러면 어떤 출판사도 그 책을 출판하려 하지 않게 된다.

* 그 현상은 사회주의 형식과 프랑스에 관련하여 1900년 3월 12일자 《아반티》에 잘 기술되어 있다. "드레퓌스사건9 동안 민주주의와 자유를 위한 용감한 싸움을 벌인 프랑스 예술은 신분제를 탈피하지는 못했지만 동시대의 급진 사상을 극단적으로 표출하는 데 지속적으로 도움을 주고 있다.

---

9 드레퓌스사건: 1894년 12월 22일 프랑스 육군 군법회의가 알프레드 드레퓌스 대위가 독일에게 기밀을 넘겼다는 이유로 반역죄를 씌워 종신형을 선고하면서, 이를 둘러싼 진위 공방으로 일어난 사건을 말한다. 진범이 따로 있음에도 실수를 인정하고 싶지 않았던 군부는 진범에게 무죄를 선고하면서 프랑스 여론은 '군의 명예와 국가 질서'를 내세운 반드레퓌스파와 진실·정의·인권을 강조하는 드레퓌스 지지파 둘로 갈라진다. 이에 소설가 에밀 졸라가 신문에 「나는 고발한다」라는 기고문을 써서 커다란 반향을 일으켰고, 결국 1906년 최고 재판소에서 드레퓌스는 무죄를 선고받아 소령으로 군에 복귀하는 것으로 종결되었다. 이 사건으로 개인 자유의 억압에 대한 지식인들의 저항과 승리가 현대 유럽 시민 사회의 정신적 근간으로 자리 잡는 계기가 된다 - 옮긴이.

아나톨 프랑스(Anatole France)¹⁰와 옥타브 미르보(Octave Mirbeau),⁹ 모리스 부쇼(Maurice Bouchor)¹²와 로랑 타일하드(Laurent Tailhade),¹³ 폴 아당(Paul Adam)¹⁴과 카미유 모클레르(Camille Mauclair)¹⁵ ─ 이들에게는

---

10 아나톨 프랑스(Anatole France, 1844~1924): 프랑스의 소설가 겸 평론가로서 그의 작품은 지적 회의주의를 바탕으로 인간의 불완전함과 광신을 주로 풍자하였다. 19세기 말 프랑스 사회와 유럽을 뒤흔든 드레퓌스사건 때에는 에밀 졸라, 앙리 푸앵카레 등과 함께 드레퓌스의 무죄를 주장했고 제1차 세계대전 후에는 평화주의를 강조하였다. 1896년 아카데미 프랑세즈 회원에 선출되었고 1921년 노벨문학상을 받았다 ─ 옮긴이.

11 옥타브 미르보(Octave Mirbeau, 1848~1917): 프랑스의 신문기자, 시사논평가, 예술비평가, 소설가, 극작가. 신문기자로서 신문이나 잡지에 극평(劇評)·미술비평·정치평론 등을 기고하여 반향을 불러일으켰다. 1882년 풍자잡지 *Les grimaces*를 창간하였고, 대담하고 에로틱한 묘사로 부르주아 계급의 위선과 인간의 추악상을 폭로한 단편집 『십자가의 언덕(*Le calvaire*)』(1886) 등 여러 편의 장편소설을 발표하는 등 근대적 풍자 희극의 선구자이다 ─ 옮긴이.

12 모리스 부쇼(Maurice Bouchor, 1855~1929): 프랑스 시인이자 조각가 ─ 옮긴이.

13 로랑 타일하드(Laurent Tailhade, 1854~1919): 1890년대에서 1900년대 초 프랑스에서 활동한 풍자 시인이자, 무정부주의 논객, 평론가이자 번역가 ─ 옮긴이.

14 폴 아당(1862~1920): 프랑스 작가. 초기에는 자연주의와 상징주의 유파의 특성을 나타내는 작품을 썼으며, 뒤에는 역사소설과 사회소설로 상당한 명성을 얻었다. 처음에는 자연주의 소설 『부드러운 살(*Chair molle*)』(1885)을 발표하여 고소당하기도 하였다. 이후 『힘

이미 가장 무질서한 혁명적 선동가, 사회주의자, 무정부주의자라는 이름이 붙어 다녔다. … 바레스(Barrés)[16]와 르메트르(Lemaitre)[17] 또한 드레퓌스 캠페인 때 금줄을 친 허위의 편에 서 있었는데 지금은 동정심을 가지고 노동자의 평결을 그리워하고 있다.

동시대 프랑스문학의 지배적인 경향은 반(反)부르주아 태도를 강조하고

(*La Force*)』(1899)을 시작으로 마지막 작품 『7월의 태양(*Au soleil de Juillet*)』(1903)에 이르기까지 많은 상징주의 작품을 내기도 하였다 – 옮긴이.

15 카미유 모클레르(Camille Mauclair, 1872~1945): 본명 카미유 포스트(Camille Faust). 프랑스의 시인이자 비평가. 1890년대 S. 말라르메의 '화요회' 회원으로서 상징주의의 영향을 받고 표상주의 연극을 표방하여 제작극단을 창립하였다. 주요 작품으로 『사자의 태양』, 『가을의 소나티네』 등이 있다 – 옮긴이.

16 바레스(Maurice Barrés, 1862~1923): 프랑스의 소설가이자 평론가. 21세 때 신문에 시사평론 〈르낭 씨와의 1주일〉(1888)을 기고하여 주목을 끌었다. 자아 이외의 현실을 인정 않는 청년의 내면을 묘사한 첫 번째 3부작 『자아 예찬』(1888~1891), 프랑스 전통의 존중을 주장하는 두 번째 3부작 『국가적 역량에 대한 소설』(1886~1902), 프랑스 민족주의를 찬미한 세 번째 3부작 『동방의 요새』(1905~1909)를 차례로 발표하여 일류 작가 대열에 서게 되었다. 1899년 이후 하원의원으로서도 활약하였다 – 옮긴이.

17 르메트르(Jules Lemaître, 1853~1914): 프랑스의 비평가·단편작가·극작가. 인상 비평의 대표자로 폭넓은 교양과 유연하고 섬세한 감성 표현으로 유명하다. 작품에 평론집 『현대의 작가』, 『극의 인상』 등과 많은 시, 희곡, 소설을 남겼다 – 옮긴이.

있었다." 이것은 진짜 사실이다. 이러한 반(反)부르주아 성향의 책을 사는 사람도 부르주아이고 그러므로 그 책을 인쇄하는 사람도 부르주아라는 사실에 독자들은 주목해야 한다. 이에 대해서는 나중에 언급할 것이다.]
"프랑스예술은 사회투쟁의 소용돌이 속에 결연히 들어설 뿐만 아니라 비천하고 가난한 사람들을 방어하는 데도 신중하게 접근한다. 그리고 일을 수행할 때는 전통적인 종교적 도덕과 정치적 교훈이 엄격하게 관여한다. 대담무쌍함, 초기 위기의 초조함은 모두 가장 인기 있는 저자들에서 출구와 반향이 발견된다. 최신의 그리고 최근의 프랑스문학에서는 18세기 프랑스 작가들이 무의식중에 수행한 사명의 호흡이 발견된다. 현존하는 질서를 위험으로 몰고 가는 사고들이 번뜩인다. 미라보가 표출한 아이디어와 형상의 내적 춤은 임박한 파국의 즉각적인 인상을 제시한다. 이만큼 세상이 발전할 수는 없다!"
"…무정부주의자인 폴 아당 역시 회복을 위한 혁명의 필요성을 전파하고 있다.… 그는 억압받은 자에게는 무한히 친절하며, 비참함 때문에 고독하고 가련해진 여인에게 부드럽고 온화한 동정심을 베푼다. 하지만 그는 부자를 죽이려는 것이 아니라 다른 목적을 위해 그들로부터 자기 몫을 유순하게 받아들이고 그들에게 자기 손을 뻗는 가련한 사람들을 경멸하고 증오하며 외치고 있을 뿐이다." [부자와 혐오대상인 부르주아지는 '죽임'을 당하고 있는 동안에도 아담의 책을 사고 있다. 이것이 아담의 책을 출판하는 이유가 되고 있으며, 부분적으로는 끔찍한 범죄의 공범자가 되고 있다.] "그러나 반역 문학 본연의 영역 밖에서도 근대문학의 반(反)부르주아적인 혁신적 성향이 분명하게 나타나고 있다.

누가 마르셀 프레보(Marcel Prevost, 1862~1941: 프랑스의 소설가·극작가)보다 더 잔인한 아이러니를 가지고 가족관계를 분해하겠는가? … 이러한 모든 문학에 전통적인 것, 과거의 것, 권위에 의해 수립된 것이라며 모두 경멸하는 강렬한 정신이 침투해 있다. 그것들은 모두 규약에 의지하고 있으며, 경찰관이나 행정관의 인가를 받아들이고 있다." 그런데 여기서 저자는 문제의 한 면만 보고 있다. 브륀티에르[18] 같은 저자에게 다가갈 때 우리는 종래의 종교 형식으로 되돌아가기를 원한다. 우리는 다양한 사실을 똑같이 경멸하고 있음을 보게 된다. 민족주의자들, 반(反)유태주의자들 등에 대해서도 동일하게 말할 수 있다. 그들은 시대를 막론하고 그리고 모든 나라에서 종파주의자들이 늘 하는 습관처럼 서로 맞붙어 싸운다. 그 저자는 가장 알맞게 덧붙인다. "이 문학은 파리가 그 문학가에게 부과한 조건에 의해 설명할 수 있다. … 그러한 한 … 그 책은 나머지 모든 것처럼 상업적 기업이다. 이탈리아에는 작가라는 직업이 없다. 프랑스에는 있다." 이것이 매우 중요한데도 그 저자는 이 기업이 의존하는 가장 주요한 소비자는 바로 부르주아지라고 말하지 않는다. 부르주아지가 출판하는 그 책에서 그들은 욕을 먹고 있다.

---

[18] 브륀티에르(F. Bruntiere, 1849~1906): 프랑스의 문학비평가로 비평은 주관적 이해관계에 기초하는 것이 아니라 공식적 기준에 의하여 객관적으로 작품을 비평해야 한다고 주장하였다. 객관적 기초 위에 비평의 과학을 세우려고 노력하였으며 장르의 진화를 주장하였다 - 옮긴이.

우리의 새로운 신비주의자는 자신들이 합리적으로 주장한다고 생각하지만, 실제로 그들은 애석하게도 논리학의 기법을 공격하고, 고대 신비주의자의 장광설을 매우 자주 되풀이하고 있을 뿐이다. 이를테면, 화성에 인간이 환생하여 존재한다는 이야기가 참이라는 것을 증명하기 위해 그들은 "과학이 모든 것을 설명할 수는 없다"고 엄숙하게 말한다. 실제로 그것은 매우 참이지만, 티치오(Tizio)[19]는 어떤 현상을 설명할 수 없기 때문에 논리적으로 보면 그는 카이오(Caio)[20]의 설명을 수용해야 하는 것은 아니다.

만약 티치오가 번개가 무엇인지 모른다면, 번개는 제우스가 만들어낸 것이라고 믿고 있는 카이오의 견해에 논리를 가지고 억지로 동의하게 할 수 없다. 좀 더 세련되고 현명한 다른 사람들 역시 어지간히 종전의 주장을 되풀이한다. 실제로 그들은 "그 같은 사실이 참이면 우리에게 유익하기 때문에 그 사실은 참이어야 한다"고 말한다. "인간은 이성(reason)이 아니라 감성(sentiment)에 의해 인도된다"는 수 세기 동안 진리라고 이미 알려진 것이 지금 새로 밝혀졌다. 이러한 명제로부터 종교적 정서가 사회질서를 유지하는 데 지대한 역할을 한다고 추론할 수 있다. 그러나 그 명제만으로는 '사회적 효용의 극대화(maximum of social utility)'를 이루는 데 종교적 정서가 얼마나 많은 역할을 해야 하는지는 정확히 추론할 수 없다.

---

19 막연히 어떤 사람을 가리키는 이탈리아어 – 옮긴이.
20 우리나라의 철수와 영희처럼 역시 막연한 인물 – 옮긴이.

게다가 어떤 형태 A가 다른 형태 B, C 등보다 인간에게 더 유용한지는 전혀 추론할 수 없다. 실제로 가능한 추론은 다음과 같다. "인간은 대부분이 정서에 의해 인도된다. 그러므로 인간은 전적으로 종교를 따라야 한다. 그러므로 종교는 형태 A이어야 한다"는 것은 비논리적 추론의 대표적인 예이다. 금주론자가 소형 동물의 피부에다가 포도주를 주입하면 그 동물은 경련을 일으켜 죽는다.

이것으로부터 그 금주론자는 인간은 포도주를 마셔서는 안 된다고 논리적인 결론을 연역한다! 그들은 인간에게도 그 같은 실험을 한다. 그들은 알코올음료를 흡인한 사람은 단시간에 뇌에 감각작용이 서서히 전달되는 것을 보여준다는 사실을 관찰했다. 이러한 사실로부터 그들은 알코올은 신경체계에 독이 되며 따라서 인간은 알코올 섭취를 삼가야 한다고 추론한다. 이러한 추론이 논리적이라면 다음과 같은 결론이 나온다. "사람은 음식을 먹자마자 소화과정이 지속되고, 그러는 동안 뇌의 활동이 둔해지고 모든 지적 활동이 느려진다. 그리하여 음식은 신경체계에 독이 되고, 그러므로 사람은 음식을 자제해야 하고 그러면 굶어서 죽게 된다." 만약 일부 사람들이 말하듯이 알코올음료 소비가 수년 안에 종(種)을 절멸시킨다면 물을 마시는 모든 사람들은 생애를 마칠 때를 기다려야 할 것이다.

4. 사회주의운동 부상과 기독교 부상은 매우 흡사하다

요컨대 자연선택을 통해서 그들은 홀로 세상에 남게 될 것이다. 노아 시대부터 지금에 이르기까지 아직도 이러한 일이 일어나지 않은 것은 사실 기적 같을 일이다.

'연대(solidarity)'라는 이름에서는 A는 B의 복리를 자신의 쾌감으로 만들어야 하기 때문에 A가 B에게 돈을 주어야 한다고 말하는데, 그러나 동일한 이유에서 B는 항상 연대라는 이름으로 A가 자신에게 심각한 손해를 끼치고 불쾌감을 유발하더라도 그를 내치기를 거부한다. 사회는 유기적 통일체(organic whole)이므로 그 전체의 한 부분 B가 지속적으로 해를 끼치면 다른 부분 A에게도 영향을 미친다.

이러한 사실로부터 우리는 A는 일정한 방법으로 B를 도와야 하며 또 그렇게 하고 있다고 추론할 수 있다. 그 결과는 논리적(logical)이 아니다. 1. 어떤 사람이 팔다리가 썩기 시작하면 잘라내서 한쪽 팔다리만 가지게 되는 것과 마찬가지로 A도 역시 B를 제거할 수 있다. 2. 만약 B를 도와주었는데도 주변 환경에 적응하지 못하고 낙후된 개인들이 기하급수적으로 증가하게 되면, B를 도와주는 것은 A뿐 아니라 사회 전체에 해를 끼치게 된다.

이 같은 논거들이 거짓임을 애써서 밝히려는 것은 헛된 노력이다. 왜냐하면, 그런 논거에 의지하는 사람은 사전(事前)에 그 논거를 가지고 설득할 수 없지만 사후(事後)에 이미 그들이 확신을 가지고 한 행동을 정당화하기 위해 그런 논거들을 창안했기 때문이다. 이러한 사람들의 지력에 파고들어가서 그들로 하여금 자신들의 논거를 포기하게끔 억제할 만큼 투명하고 강력한 논증을 펼치기는 어려우며, 설사 그러한 논증을 펼치더라도 아무것도 얻지 못한다.

왜냐하면 그런 사람들은 자신이 가진 이전의 논거를 마찬가지의 다른 논거나 한층 더 오류가 많은 논거로 대체할 것이기 때문이다. 또 극히 약간의 예외적인 경우를 제외하면, 그 사람들의 신념은 다른 원천에서 나오기 때문에 어떻게 해도 바뀌지 않기 때문이다.

실증과학조차도 종교적 정서의 침입으로부터 안전하지 못하다. 탁월한 천문학자 파예(H. Faye)[21]는 태양계의 기원에 대해 논하면서 다음과 같은 말을 추가할 필요를 느꼈다. "창세기 제1장을 더 이상 찬양하지 말고 원시시대를 뒷전으로 밀어내지 말자. 인류는 물신주의 같은 보잘 것 없는 장식품이나 다신교 같은 우아한 엉터리 또는 점성술 같은 타락한 환상을 가지고 지구에 첫발을 내디딘 것이 아니라는 것이 증명되었다"[Faye, Herve, *Sur l'origine du monde*(Paris: Gautier-Villars, 1884), p. 24]. 그 저자가 창세기 제1장이 원시인을 묘사한 것이라고 실제로 믿고 있는지 누가 알겠는가?

그는 고대 사람들에 대한 역사 탐사나 선사시대 사람에 대한 연구에 관해 들어본 적이 없지 않은가! 그는 "생명체는 종말을 맞이하

---

21 파예(M. Faye): 프랑스 천문학자. 1865년 태양에 관한 새로운 이론을 발표하였다. 즉 태양은 하나의 기체이며, 대류 방식으로 열을 안쪽에서 바깥쪽으로 배출한다고 주장하였다. 이 이론은 태양 연구에 신기원을 이루며, 근대 태양이론의 근간이 되었다 – 옮긴이.

게 될 것"이라는 진술로 자신이 쓴 책을 마무리한다. "그러나 이러한 진술이 우리를 신성한 모델에 더 가깝게 데려다줄 지적 저작들에는 어울리지 않기를 바라는 것이 우리 생각이다. 그런 저작들은 생존을 하는 데 빛도 열도 필요하지 않고 새로운 토양도 필요 없을 것이다. 그것들이 하나둘씩 모여든 것은 멸하지 않기 위해서다." 그 저자가 무슨 말을 하고 싶었는지도 명확하지 않고, 모든 생명체가 사라질 때 '지적 저작들'이 어떻게 살아남을지도 명확하지 않다.

 그 같은 터무니없는 주장에 비하면 윤회 사상은 그야말로 과학적 정확성을 보여주는 전형이다. 지구의 모든 생명체가 사라질 때 살아남게 되는 '지적 저작들' 가운데서 저자가 '연대(solidarity)'를 끄집어내지 않은 것은 다행스런 일이다. 우리는 천문학에 관한 다른 논문에서 그것이 불쑥 나올 것이라고 기대한다. 라플라스(Laplace)[17]의 담론은 파예의 담론과는 달랐지만, 현인들은 시대가 변화하면 변화하기 마련이다.

 코페르니쿠스(Copernicus)의 이론과 갈릴레오(Galileo)의 이론조

---

22 라플라스(Pierre–Simon, marquis de Laplace, 1749~1827): 프랑스 수학자. 뉴턴의 중력이론을 태양계에 성공적으로 적용시켜 관측된 행성들이 이론적인 궤도에서 벗어나는 현상들을 낱낱이 해명하였다. 또한 행성 평균운동의 불변성을 발표하고, 이심률과 궤도경사각의 세제곱까지 증명하였다. 1787년 달의 가속이 지구 궤도의 이심률에 따른다는 것을 밝혀내어 태양계의 이론적 설명에 관한 마지막 난제를 해결하였다 – 옮긴이.

차도 적어도 간접적으로 위험에 처해 있다. 유능한 수학자 맨션(Mansion)은 국제가톨릭과학대회(1891.4.4)의 보고서에서 천동설 체계는 근대 체계만큼이나 유효하거나 거의 유효했다는 것을 입증하는 데 상당한 노력을 기울였다. "천동설 체계를 채택하게 된 데는 또 하나의 깊은 이유가 있다: … 고대인들은 천체 **현상**(phenomena)을 다루는 학문인 천문학을 별들의 운동의 **원인**(causes)을 연구하는 것으로부터 명확하게 분리했다. … 그때부터 천동설의 채택이 그들에게 별다른 영향을 미치지 않았으며, 천동설을 채택한다고 해서 아무런 불편함을 느끼지 않았다. 또한 천동설이 외관상 더 잘 어울리고 다른 가설보다 더 적절하다고 생각했다."

고대인들은 자신들이 원했다면 뉴턴 이론을 따를 수 있었겠지만 그렇지 않고 프톨레마이오스(Ptolemy)의 이론을 선택한 것은 그 이론이 "외관상 더 잘 어울렸고 직접적으로 더 적절했기" 때문이었다는 것을 우리가 선뜻 그대로 받아들이려면 약간의 용기가 필요하다.

브륀티에르(Bruntiére)는 천문학에 대해 별로 아는 바가 없는데도 "우리를 당신의 갈릴레오에게 맡겨 두시오"라고 외친다. 유능한 과학자인 우리의 저자는 천문학을 속임수를 써서 교묘하게 구분한다. 갈릴레오에 대한 재판이 있기 전후인 16세기와 17세기에 학자들 사이에 서는 천체 현상에 대한 철학적 설명과 천체 운동에 대한 연구 간의 구분해야 하는 것으로 잘 알려져 있었다. 당시에는 그러한 구분 때문에 갈릴레오가 철학의 이름으로 비난을 받게 되었다는 것을 충분히 이해하고 있었으며, 또 그러한 구분이 결코 천체에 대한 연구를 방해하지 않았다는 것을 충분히 이해하고 있었다.*

＊ 그 저자는 이렇게 궤변을 늘어놓고 있다: 사실 우리의 이론들은 모두 가설적이며, 우리가 알고 있는 것은 어느 것도 절대적이지 않다. 그러므로 뉴턴의 이론은 프톨레마이오스의 이론이나 헤시오도스(Hesiod)의 계보학처럼 하나의 가설임이 분명하다. 그러나 다양한 가설들 중에서 일부 가설들이 다른 가설들보다 과학적으로 바람직하다고 할 수는 없다. "누군가가 근대 과학의 관점지에서, 특정한 별 하나가 다른 특정한 별 주위를 선회한다고 말하든 또는 그 반대 현상이 일어난다고 말하든 그것은 중요하지 않느냐고 묻는다면, 앞서 언급한 보도를 쓴 저자는 다음과 같이 답변할 것이다. 누군가 어떤 현상에 대해 체계적으로 서술하거나 그것의 운동을 설명하는 것으로만 다룬다면, 실제로 아무런 문제가 없다." 어떤 사람이 길을 따라 걷다 보면 그는 분명 운동학적 관점에서 다음과 같은 생각을 하게 될 것이다. (1) 길을 따라 집들은 그대로 서 있고 사람이 움직인다. (2) 반대로 사람은 그대로 서 있고 집들이 움직인다. 때때로 술 취한 사람은 두 번째 가설을 채택하기도 하지만, 정신이 온전한 사람이 그런 이론을 받아들였다는 것은 지금까지 아무도 들어본 적이 없다. 기관차가 철로를 달릴 경우에는 운동학적 관점에서 확실히 다음과 같은 생각을 하게 될 것이다. (1) 기관차가 움직이고 철로는 그대로 서 있다. (2) 반대로 기관차가 그대로 서 있고 철길이 움직인다. 그러나 기관차 운동에 관한 이론이 어떠한 가설에 똑같이 도달할 수 있다고 생각하면 그것은 조롱거리가 된다.

그 저자는 르베리에(LeVerrier)[23]가 프톨레마이오스의 가설을 따랐더라면 해왕성을 발견해냈을 것이라고 별 어려움 없이 설명했다.

가련한 갈릴레오여. 그가 지상으로 되돌아왔다면, 우리의 신가톨릭 신도들은 그를 곧바로 감옥으로 되돌려 보내려 할 것이다! 오히려 맨션 씨는 갈릴레오가 사형 선고를 받고 감옥에 갇혀 있어서 "더 이상 천체 연구를 방해하지 않는다"고 말하며 즐거워하고 있다.

이러한 부차적인 징후에 신경 쓰지 말고 주요한 징후들을 보면, 종교적 정서가 증대하는 것이 사회주의에 이로울 것이라는 주장이 그럴듯해 보인다. 사회주의는 새로운 형태의 종교로서 종래의 종교 형태를 능가할 것이다. 이는 적어도 대체로 종교 위기가 가중될 때 일어난다. 사회주의가 가진 이러한 이점이 나중에 (기독교가 우상숭배에 대해 했던 것처럼) 낡은 신앙을 파괴할 정도로 커질 것인지 아니면 (불교의 경우와 프로테스탄트 종교개혁의 경우처럼) 낡은 신앙을 존속시킬 것인지는 아직 불분명하다. 사회주의가 계속 수정을 거듭하고 여타의 경쟁상대 종교들로부터 많은 것을 빌린다면 내가 보기에

---

[23] 르베리에(Urbain Jean Joseph LeVerrier, 1811~1877): 프랑스의 천문학자. 태양의 안정성을 증명했고 행성궤도의 이심률과 경사의 한계를 산정하였다. 수성의 운동을 계산, 운동표를 작성했고, 목성 주변의 주기혜성의 섭동에 관한 연구를 바탕으로 해왕성을 발견하여 이후 천문학 발전에 기여하였다 - 옮긴이.

두 번째 가설이 더욱 설득력이 있을 것 같다.

현재 일어나고 있는 사회주의운동의 부상과 기독교의 부상이 매우 흡사하다는 것은 여러 차례 지적한 바 있는데, 현재의 사회주의운동은 오히려 프로테스탄트 종교개혁 때와 (비록 덜 알려지긴 하나) 흡사한 점이 훨씬 더 많다. 우리는 심각한 종교위기가 일어날 때마다 그러한 유추에 멈춰서는 안 되고 유사한 유추들을 발견해나가야 한다는 점 또한 유의해야 한다. 그리고 우리는 그 유추가 순수한 종교적 현상을 넘어선다는 것을 곧 보게 될 것이다.

우리는 특수한 현상들 사이에서조차 밀접한 상응관계가 있다는 관찰할 수 있다는 데 주목해야 한다. 초기 기독교인들은 그리스도가 지상을 다스리는 날이 곧 올 것이라고 믿고 있었다는 것은 잘 알려진 사실이다. 불과 몇 년 전만해도 사회주의자들은 자신들의 교의가 당장 성공할 것이라고 믿었다. 엥겔스(Engels)는 그 후로 사실에 의해 반박을 받게 될 것을 예상들을 감추었다. 현재 이러한 예상들이 다시 부상하고 있지만, 그것은 먼 미래에나 일어날 법하다(그러한 예상들은 마치 **천년왕국**을 꿈꾸는 기독교들 사이에서 부상하고 있는 것과 유사하다).

라탄지오(Lattanzio)가 말하기를[Lattanzio, L. Cecilio, *Divinarum institutionum liber*(Torino: t. Sale Siana, 1889), II, p. 19] "지구가 억압을 받게 될 때 그리고 인간이 세상을 대규모 도적떼를 종속시켜 지배하려는 폭군에 대항할 힘이 없을 때, 그러한 불행한 상황에서는 신의 도움이 필요하다." 사회주의자들은 이렇게 말한다. "부가 소수의 수중에 집중되고 경제위기가 자주 강하게 일어날 때, 집산주의(collectivism)가 반드시 세상에 도움을 줄 것이다." 이에 라탄지오가 말하기를(Ibid., p. 24) "지구는 스스로 비옥하다는 것을 증명할 것이고 자연히 열매를 풍부하게 열게 할 것이다." 산 위의 바위에서 꿀이 나오고, 와인이 물처럼 흐르고, 강은 우유로 넘쳐날 것이다. 세상은 마침내 활기를 띨 것이고, 모든 자연은 유쾌해질 것이며, 사악함, 불경, 악행, 죄악의 지배로부터 자유로워질 것이다." 집산주의 지배 하에서도 그와 유사한 즐거움이 세상을 기다릴 것이다. 많은 사람들이 이렇게 서술하고 있는지만, 데 아미치스(De Amicis)[24]가 묘사한 것을 언급하는 것으로도 충분하다.

5. 사회주의 기독교 모두 과도한 분파들이 존재한다

일부 기독교도들은 그리스도가 가까운 미래에 왕림하여 세상을

---

[24] 데 아미치스(Edmondo De Amicis, 1846~1908): 이탈리아의 소설가·시인이며 대중 여행서 및 아동도서 저자. 육군사관학교를 졸업한 후 포병대에 배속되어 군잡지 L'Italia militare에 군대생활에 관한 단편을 많이 썼고, 1867년에는 이 잡지의 편집인이 되었다. 이 작품들은 모두 『군대생활(La vita militare)』(1868)에 실렸다. 그 후로 『단편소설집(Novelle)』(1872), 『시집(Poesie)』(1880), 소설·기행문·수필 등을 출간하였다 – 옮긴이.

지배할 것이라고 기대하는 데 점점 지쳐갔다. 그들 중 아주 현명한 기독교도들은 사악한 무리들을 모두 물리치려면 더욱 실용적이고 더욱 관용을 베풀어야 한다는 것을 깨달았다. 그래서 그들은 애초의 교의를 이상적인 목표로 삼으면서 평민의 생활방식과 사고에 다가갔다. 사회주의자들은 **최소강령**을 가지고 그와 유사한 행동양식을 채택했고, 베른슈타인(Bernstein)[25]은 공공연하게 새로운 행동방식을 지지한다.

네덜란드에서는 비타협적인 혁명적 사회주의가 자취를 감추고 국가사회주의(state socialism)가 그 자리를 대신하고 있다. 다른 나라들도 그런 방향으로 나아갔고 또 나아가고 있으며, 그 결과 평신도들과 합류하고 있다. 프랑스에서는 사회주의자들이 집권당이 되었고, 밀랑(Millerand)[26]은 발데크-루소(Waldeck-Rousseau)[27] 내각의 각

---

[25] 베른슈타인(Eduard Bernstein, 1850~1932): 독일 태생의 사회주의자로서 마르크스 사후 제2인터내셔널 내에서 자본주의 체제의 임박한 붕괴나 프롤레타리아 독재 등을 주장하는 로자 룩셈부르크 등의 정통 마르크스주의를 비판하였고, 개인이 혁신의 주체가 되는 새로운 형태의 사회민주주의를 제의하여 마르크스주의에 '수정주의'를 주창하였다. 그에 따르면 사회주의는 자본주의 중산층에 대한 단순한 반발의 산물이 아니라 인간성에 내재하는 자유주의 정신의 귀결점이라고 주장하였다. 이로써 제2인터내셔널의 분열을 가져오는 계기가 되었다 – 옮긴이.

[26] 밀랑(Alexandre Millerand, 1859~1943): 프랑스의 법률가·정치가. 1920~1924년 제3공화국 대통령을 지냈으며 헌법 개정을 통해 대통령의 권한을 강화하려고 노력하였다. 1885년 사회당 소속으로

료가 되었다. 영국에서는 페이비언(Fabian)²⁸ 중 다수가 제국주의에

하원에 진출하여 사회주의 좌파 진영의 지도자가 되어 1899년 발데크-루소 내각에 상업장관으로 참여, 근로조건 개선, 상선 개량, 무역·교육제도·우편체계를 발전에 기여하였다. 1920년 9월 당시 제3공화국 대통령이었던 폴 데샤넬이 건강악화로 사임하게 되자 중도우파인 '국민연합'의 밀랑이 그의 후임으로 선출되었다. 이후 보수주의로 선회하여 전통적인 대통령의 중립적 역할을 무시한다는 이유로 좌파진영으로부터 공격을 받고 사임하였다 – 옮긴이.

27 발데크-루소(Pierre Marie René Waldeck-Rousseau, 1846~1904): 프랑스 정치가. 1879년 자유주의공화파의 공화동맹 소속으로 의원에 당선되었다. 1894년 상원의원이 되어 드레퓌스사건을 계기로 강화된 국수주의·국가주의·반공화주의적 가톨릭세력의 위협에 맞서 자유주의공화파를 주체로 급진파·사회주의자를 망라한 공화제방위내각을 조직하여 국수주의자들을 체포·소추하고, 드레퓌스 사건을 마무리하였다. 이후 노동국 설치, 노동시간 단축, 퇴직연금법 입안 등을 추진하기도 하였다 – 옮긴이.

28 페이비언주의(Fabianism): 1884년 설립된 영국 사회주의 단체 페이비언협회(Fabian Society)의 이념으로 정통 마르크스주의의 급진적 사회주의를 거부하고 점진적이고 민주적 방법을 통해 사회주의를 실현하고자 하는 사회사상. 페이비언협회는 1884년 프랭크 포드모어와 애드워드 피스가 영국 런던에서 설립되어 극작가이자 비평가인 조지 버나드 쇼와 시드니 웹 등이 결합하면서 활발한 사회주의 활동을 전개하였다. 이들의 기본 사상은 혁명적인 수단이 아니라 보편적 선거권과 의회 정치 등 점진적이고 개혁적인 방법을 통해 민주적 사회주의의 이상과 원칙을 실현할 수 있다는 것으로 베른슈타인에 의해 제2인터내셔널 내의 수정주의가 출현하는 계기가 되기도 하였다. 페이비언이라는 명칭도 지구전으로 한니발을 격파

찬성하는 표를 던졌다.

독일에는 많은 사회주의자들이 제국에 협력하는 것을 찬성하고 있다. 교구 성직자 나우만(Naumann)[29]은 자신의 저서 『민주주의와 제국(Democratie und Keisetum)』에서 황제는 사회주의자들의 수장이어야 한다고 공공연하게 설교한다. 실제로 이러한 집산주의적 기독교도는 군국주의를 전도하고, 독일의 적국에 대항하는 그리고 비록 독일의 적이 아니더라도 독일의 노예가 되기를 거부하는 자들에 대항하는 전장과 말살을 전도한다.*

* 콘스탄티누스 시대 훨씬 전에 기독교들이 제국을 애호하다가 쇠퇴하게

한 고대 로마 장군 파비우스(Fabius)에서 유래하였다. 페이비언 사상은 영국 노동당의 기본 이념을 자리를 잡을 정도로 영향력이 확대되었다. 페이비언 사상은 영국에만 그치지 않고 영국연방에 속한 인도, 캐나다, 호주, 뉴질랜드에도 많은 영향을 미치기도 하였다 – 옮긴이.

29 나우만(Friedrich Naumann, 1860~1919): 독일의 정치·사회 이론가, 정치평론가이자 개혁가. 경제·문화 제국주의를 지지한 가장 영향력 있는 인물 가운데 한 사람으로 젊은 시절에는 목사로서 기독교 사회주의운동에 참여하였고, 이후에 민주적·사회적 개혁과 국력배양을 추구하는 '국민사회연합'을 창설(1896)하였으나 실패하였고, 1903년 자유연합에 가입하여 제국의회에 진출하였다. 제국주의적인 영토 병합에 강력히 반대했으나 독일의 문화적·경제적 지배권을 확립하려는 이상을 가졌다. 1919년 민주당을 창당하여 죽을 때까지 이 당의 지도자로 있었다 – 옮긴이.

된 것으로 알려져 있다. 다음을 보라. Renan, op. cit.: 여기에는 이렇게 적혀 있다: "우리는 멜리토(Melito)[30]가 진실의 보호자가 되기를 결심한 사건에서 그가 제국을 가장 이상하게 발달시킨 것을 이미 목격했다. 《아폴로(*Apology*)》지에서는 이러한 발전을 여전히 강조하고 있다." 멜리토는 나우만의 훌륭한 선각자이다. 그는 기독교도들의 종교가 태어난 순간이 제국에 행운이었다고 마르쿠스 아우렐리우스(Marcus Aurelius)에게 말한다. 그 순간부터 실제로 로마는 마르쿠스 아우렐리우스와 그의 아들이 훌륭하게 이어갈 만한 엄청난 세력을 가지기 시작했다. 이를 두고 후일 르낭은 이렇게 말한다. "제국에 대한 거의 순종에 가까울 만큼 극단적인 존경심은 아테나고라스(Athenagoras)[31]와 모든 기독교 옹호론자들의 특성을 보여준다." 이어서 그는 다음과 같이 말한다. "기독교와 제국의 원한은 언젠가는 서로 사랑하게 될 사람들의 원한이었다. 세베리네스(Severines) 치하에서 교회의 언어는 안토니네스(Antonines) 치하에서처럼 애처롭고 유약한 모습 그대로 있다." 정확히 말하자면 오늘날 독일에서 보이기 시작하는 것과 같다.

---

[30] 멜리토(Melito): 2세기에 활동한 리디아 사르디스의 그리스인 주교. 유세비우스가 쓴 4세기 연대기에는 멜리토 주교는 결혼도 하지 않고 사목과 명상에 전념했다. 로마 황제 마르쿠스 아우렐리우스에게 그리스도교와 로마 제국은 같은 운명을 타고 났으므로 그리스도교를 국교로 삼아야 한다고 주장한 인물로 기록되어 있다 – 옮긴이.

[31] 아테나고라스(Athenagoras): 2세기경에 활동한 그리스의 그리스도교 철학자·변증가 – 옮긴이.

예수가 갈릴리에서 사랑과 평화를 전파하던 때부터 호전적인 고위 성직자들은 제의(祭衣) 위에 갑옷을 걸치고 주님의 이름으로 살육을 하러 출정하고 있는 지금까지 수많은 세기가 흘렀다. 그러나 독일의 마르크스가 프롤레타리아에게 기쁜 소식을 전파한 날로부터 일부 독일의 사회주의자들이 "프롤레타리아여 단결하라"는 구호에서 "프롤레타리아여 서로 죽여라"라는 구호로 대체한 날까지는 불과 몇 년밖에 걸리지 않았다.

나중에 우리는 이러한 사실들에서 더 많은 결론을 이끌어낼 것이다. 지금으로서는 경제위기 때와 마찬가지로 종교 위기가 하강하는 시기에 나타나는 요인들의 징후가 현재의 상승 시기에 이미 나타나고 있다는 점을 지적하는 것에 만족하기로 하자. 나우만과 그의 친구들은 종교도 없고, 기독교도도 아니며 사회주의자도 아니다.

그들은 영리하교 교활한 사람들이며, 자기 동료들의 혜택으로부터 이익을 얻고 싶어 한다. 마치 역대 교황들이 성베드로 대성전을 짓는 데 신도들의 헌금을 사용한 것처럼 말이다(그렇게 하지 않았으면 더 나쁘게는 우상숭배 축제에 그 헌금을 사용했을 것이다). 이러한 정치적–실용적 사회주의자들이 넘쳐나게 되면, 종전의 사회주의 신념을 고수하려는 어떤 사람은 "아! 콘스탄티누스 황제여, 당신이 하는 짓이 얼마나 사악한지 알겠소?"라고 되풀이할 것이며, 단테를 본받아 다음과 같은 말을 덧붙일 것이다.

기도하라. 얼마나 많은 재물을 원하는지 말해다오

그가 서 있는 앞에 성 베드로에서 나온 우리의 주여.

그의 권력 안에 많은 열쇠가 있네.

그가 요청하는 것은 분명 '나를 따르라'

즉 마르크스가 자기 추종자인 리프크네히트(Liebknecht)[32]나 베벨(Bebel)[33]에게 많은 재물을 봉헌하라고 요청했을까?

[위기가] 하강하는 국면에서 명백하게 모습을 드러내는 또 하나의 징후는 위선 행위인데, 현재 사회주의가 박해를 받고 있는 이탈

---

32 리프크네히트(Karl Liebknecht, 1871~1919): 독일의 사회주의자로서 칼 마르크스의 측근으로 독일 사회민주당을 창설하는 데 기여하였다. 제2인터내셔널에서 로자 룩셈부르크와 함께 대표적인 마르크스주의 정통파에 속한다. 베를린에서 로자 룩셈부르크 등 극좌파 인사들과 함께 독일 공산당의 전신인 스파르타쿠스단을 설립하여 사회주의 혁명에 헌신했으나 1919년 1월 스파르타쿠스단 폭동 중에 반혁명의용군에 의해 살해되었다 - 옮긴이.

33 베벨(August Bebel, 1840~1913): 독일의 사회주의적 정치가. 초기에는 라살레가 일으킨 전독일노동자협회에 대항하는 자유주의파가 주도하는 독일노동자협회연맹 운동에 참가, 이후 자유주의파의 영향에서 벗어나 리프크네히트 등과 1866년 작센인민당을 결성하였다. 리프크네히트의 영향 아래 마르크스주의자로서 1869년 사회민주당의 창립에 참여하였다. 1891년에는 「에르푸르트 강령」 작성에 참여하여 사회민주당이 대중정당으로 성장하는 데 기여하고, 제2인터내셔널 내의 베른슈타인의 수정주의와 교조적인 급진주의 사이에서 중도적인 입장을 취하여 안정을 기하는 데 기여하였다 - 옮긴이.

리아 같은 나라들에서는 사회주의에서 이러한 위선 행위가 전혀 나타나지 않고 있다. 그러나 사회주의자들이 정부에 참여하고 있는 프랑스 같은 나라들에서는 그러한 위선 행위가 이미 전면에 부각되고 있다.

이런 나라에서는 많은 시중 정치가들이 공직에 선출되려고 사회주의자가 되었으며, 학식이 풍부한 사람들 중 다수는 자기 책을 팔기 위해 사회주의자가 되었고, 많은 극작가들은 대중을 즐겁게 하기 위해 그리고 많은 교수들은 의장직을 맡기 위해 사회주의자가 되었다. 한편 그런 폐단이 아직은 그렇게까지 많이 확산되지는 않고 있다. 사회주의가 희생을 요구하고 있는 이탈리아와 독일 같은 나라들에서는* 그런 위선자들이 아직 나타나지 않고 있다. 그들도 명예와 권력과 부를 손에 넣게 되면 그 수가 점점 불어날 것이다.

---

* 독일의 경우 혹자는 라살레(Lasalle)[34]를 인용할 수도 있다. 그는 비스마르크(Bismark)나 미켈(Miquel)을 존경한다. 미켈은 한때 사회주의자였다가 지금은 제국에 헌신하는 인물이다. 그런데 이 마지막 예는 적절하지가 않다. 왜냐하면 미켈은 종래의 신앙을 버리고 좋은 신앙으로 개종한 인물로 볼 수 있기 때문이다.

---

34 페르디난트 요한 고틀리프 라살레(Ferdinand Johann Gottlieb Lassalle, 1825~1864): 독일의 사회주의자 및 혁명사상가로 독일 사회민주당의 전신인 독일노동자협회의 창설자로서 독일 사회주의 운동의 창시자로서 칭송을 받았다 – 옮긴이.

종교적 정서가 상대적으로 덜 표출된 지역에서는 그런 위선자가 없지 않다. 이름을 거론할 필요가 없는 어느 도시에서 그 도시의 시장이 "윤리의식을 고취시키기 위해" 혼외정사를 중대 범죄로 처벌할 것을 주장한 적이 있는데, 한 매춘부가 자기 아들의 아버지가 그 도시 시장이라고 선언하며 그 시장에게 이를 고백할 것을 강요하자 그 시장은 물러나야만 했다. 외설 문학 소지를 금지하는 어느 회의장에서 의장은 참여자들에게 단지 그들의 분노를 일깨우고 일부 사람들이 음란 출판물을 은밀하게 소지하지 못하도록 하기 위해 그것을 자신에게 제출하도록 권고해야만 했다.

파리에는 매우 엄격한 절대금주를 하는 교수들이 있는데, 학생들과 젊은 박사들은 그런 교수들의 신임을 얻기 위해 공개적으로 음주를 삼가는 척하면서도 사적인 자리에서는 많은 양의 포도주를 마시고 심지어 독한 술을 마시기도 한다. 종교적 정서가 널리 확산되고 있는 가운데 그것을 벗어난 어느 익명의 저자는 그리스 명시 선집에 이레네(Irene: 그리스신화에 나오는 평화의 여신)에게 익살을 떠는 경구를 남겨놓았다. 그 경구는 다음과 같다. "모두가 평화를 누린다고 말하는 것은 주교가 된다는 것이다. 주교만 평화를 누릴 수 있다면 어떻게 모두가 평화를 누릴 수 있을까?"[익명의 안트 플라누드(Anth. Planud), II: Εἰρήνη πάντεσσιν, ἐπίσκοπος εἶπεν ἐπελθών. Πῶς δύναται πᾶσιν, ἥν μόνος ἔνδον ἔχει] 나쁜 씨앗은 너무나 빠르게 발아하여 나중에 많은 수확을 가져다준다. 잠시 기다려라. 그러면 보카치오(Boccaccio)가 조롱하는 수사(修士)들이 훌륭한 후계자들을 데려올 것이다.

시대를 막론하고 인간의 사고는 그 사회에 유용한 각종 형태로 표출된다. 예를 들어, 몇 세기 전에 모든 담화는 기독교의 형태를 띠고 나타났다. 마키아벨리(Macchiavelli)는 『만드라골라(*Mandragola*)』에서 마돈나 루크레치아(Madonna Lucrezia)가 그녀 애인의 의지에 따르도록 설득하기 위해 자신의 수사(修士) 티모테오(Timoteo)가 신성한 저자들과 기독교 교의를 인용할 때 이러한 관행을 비웃는다. 오늘날 같으면 수사 티모테오가 '연대(solidarity)'와 인도주의 좌우명을 강구했을 것이다.*

* 실제로 이미 그런 일은 일어났다. 일명 눈사람식 모금법이라는 방법을 통해 다른 사람들의 돈을 끌어들여 이익을 보기를 열망하는 티지오(Tizio)가 다음과 같은 광고 전단지를 발행했는데, 이것은 1900년 7월 20일자 《르 시에클(*Le Siecle*)》에 보도되었다. "모든 사람이 필수품을 가지고 있지 않는 것만큼 어느 누구도 잉여에 대한 권리를 가지지 않는다. 이러한 거창한 원리들은, 거의 한 푼의 돈도 쓰지 않고 무상으로 남자, 여자, 어린이의 복지를 이룰 수 있는 수단을 제공해주어 인류 불평등의 희생자인 노동자 계급과 우리를 특수한 형태로 결합할 수 있게 한다.

우리는 가난한 사람의 친구이고 늘 그렇게 될 것이다. 그 이상이 아니다. 우리는 노동자와 특수한 형태로 결합할 것을 장려했다. 즉 인도주의적 (humanitarian) 목표를 이해하는 모든 노동자들과 결합할 것을 장려했으며, 이처럼 상호성(mutuality)이라는 풍성한 개념을 제대로 적용시킨 덕분에 우리는 복지를 제공하는 수단을 가지게 되었다(지금까지 그러한 복지는 민주화된 특권층만 누릴 수 있었다).”

나는 신문 더미 속에서 어느 재단사가 보낸 광고 전단지를 발견했다. 그는 '연대(solidarity)의 이름으로' 자기한테서 양복을 사 줄 것을 요청했다. 즉 "자본가들에 의해 착취당하고 있는 노동자들과 유태인 및 대형 백화점의 희생자인 정직한 상점 주인은 서로 단결해야 한다는 것이다."

현재의 위기와 과거의 다른 위기 간에 나타나는 또 하나의 유사한 점은 과도한 분파들이 존재한다는 것이다. 원시 기독교는 교황권 제도를 통해서 통일과 정통성을 유지했다. 지금까지 사회주의는 대회(congress), 즉 세계 사회주의 위원회를 통해 일정한 통일을 유지할 수 있었다. 독일에서는 베벨과 리프크네히트가 이단을 완전히 물리치지는 못했지만은 적어도 그럭저럭 진정시켜 왔다. 그러나 장차 해결할 문제들이 여전히 남아 있다. 앞으로 이러한 문제를 어떻게 해결할지 지켜볼 필요가 있다.

제3장
구 엘리트의 쇠락

1. 구 엘리트가 쇠락할 때 나타나는 징후

여전히 지배적인 엘리트는 대부분 부르주아지로 구성되어 있고, 약간 일부만 여타 엘리트의 잔재로 구성되어 있다.

한 엘리트가 쇠락할 때는 두 가지 징후가 나타나는데, 이 둘은 대체로 동시에 나타난다.

1. 쇠락하는 엘리트는 더욱 연약해지고 온순해지며, 더욱 관대해지며 자신의 권력을 방어하는 힘을 잃게 된다.

2. 쇠락하는 엘리트는 타인의 재화에 대한 탐욕과 욕심을 버리지 않고, 가능한 한 많이 불법 전유물을 늘리고 국유 재산을 맘대로 강탈하려 한다.

그리하여 쇠락하는 엘리트는 한편으로 권력을 더욱 단단하게 하려 하지만 다른 한편으로 그것을 유지할 수 있는 힘은 약해진다. 이 두 조건에 의해 그 엘리트는 몰락하는 파국을 맞이하게 되지만 그 중 한 가지 조건만 없더라도 그 엘리트는 번영을 누릴 수 있다. 그러므로 그 엘리트의 세력이 약해지지 않고 강해지게 되면 그가 전유하는 대상은 더욱 증가하게 되고, 그 세력이 약해지면 그 엘리트는 약해진 지배권을 유지하게 되는데 이런 일이 자주 일어나는 것은 아니다.

예를 들어, 봉건귀족은 성장할 당시에는 세력이 커지고 있었기 때문에 많은 전유물을 늘려갈 수 있었다. 로마제국과 영국의 엘리트는 양보를 요청해야 하는 곳에서는 일정한 양보를 하면서 권력을 유지할 수 있었다. 한편, 프랑스 귀족은 자신의 특권을 유지하기를, 어쩌면 늘리기를 갈망하고 있는데, 그 특권을 지킬 힘이 약해지면서 결국 18세기말에 폭력 혁명이 일어났다. 요컨대, 사회계급은 현재 지니고 있는 권력과 그 권력을 맘대로 지킬 수 있는 힘 사이에는 일정한 균형을 이루고 있어야 한다. 그런 힘이 없으면 지배권이 지속될 수 없다.

엘리트는 종종 활력을 잃어 간다. 엘리트는 특정한 수동적 용기(passive courage)를 간직하고 있으면서도 능동적 용기(active courage)는 가지고 있지 않다. 로마제국에서 엘리트들은 카이사르를 즐겁게 한다면 자살을 하기도 하고 또는 거의 무방비 상태에서 암살을 당하도록 허용하는 일이 다반사로 일어났다. 참으로 놀랄 일이 아닐 수 없다. 프랑스 귀족들이 손에 무기를 들고 죽을 때까지 싸우는 대신에 단두대 위에서 죽는 것을 택한 것 역시 놀랄 만한 일이다.*

* 뒤뤼(Duruy, op. cit., IV, p. 522)는 네로 치하에서 귀족주의 공모자들의 소심함에 대해 이야기하면서 다음과 같은 말을 덧붙인다. "이 당당한 공화당원들의 위대한 용기를 보라! 그들은 용기를 시험하려는 고문을 당하자 모든 품위를 잃어버리고, 자기 목숨을 구하기 위해 친구들과 사랑하는

사람들을 사형 집행자 손에 넘긴다. 루키아노스가 결백한 자기 어머니에게 죄를 씌웠을 때 그것은 네로가 한 것과 마찬가지로 존속 살해가 아닌가? 전제정치와 부패가 얼마나 소심하면 강철을 두른 듯 단단한 영혼 속으로 가라앉았겠는가? 세상에 그렇게 도덕적 수준이 낮은 적은 없었다." 이 마지막 진술들은 그저 수사적 선언에 지나지 않는다. 귀족이 소심했다면, 민중은 용기를 보였다. 뒤뤼는 그것을 이렇게 지적한다. "어느 여인, 고급 창부가 이런 하잘것없는 로마인들에게 무안을 주었다. … 병사들 역시 고대 미덕의 흔적을 보여주었다."

이와 관련하여 한편에는 페소(Piso)가 있다. 그는 정맥을 칼로 베어내고 임종 순간에도 네로에게 아첨하는 말을 남긴다. "그는 의지를 이겨내고 아내의 사랑을 획득했다"[Tacitus, Cornelius, Annalium ab excessu divi Augusti quae supersunt ab I.G. Baitero, editio altera(Turici, sumptibus ac typis Orellii Fues·slini et Sociorum, 1859, Liber XV, Cap. 59, p. 531)]; 한편, 순박한 백부장(百夫長) 수브리오(Subrio) 같은 인물이 있다. 그는 자신이 잘못을 저지른 범죄로 네로와 맞서는 용기를 보였다. "나는 엄마와 아내, 운전사, 배우를 살해한 살인범과 방화범을 증오하기 시작했다"(idem, Cap. 67, p. 537). 막 소멸해가는 귀족정치와 새로 태어나는 귀족정치가 이렇게 대비되고 있는 것을 어찌 볼 수 없단 말인가?

Taine, *L'anc. reg.*, p. 219(영어 번역: John Durand, New York: Henry Holt, 1876, Ch: II, p. 169): "전능한 교육은 본능을 억제하고, 변형하고, 약하게 했다. 그들(프랑스 신사계급)은 소멸해가는 과정에서 어떤 유혈적인 광포한 반동도, 보편적이고 갑작스런 무력 정권이 회복도, 잔인한 폭동도, 그들을 타도하려는 세력들의 맹목적인 불가항력의 요구도 겪지 않았다. 만약 어느 신사가 자기 집에서 자코뱅 당원에게 체포된다면, 우리는 결코 그의 머리가 열린 채로 갈라져 있는 모습을 보지 못할 것이다. (다음 글은 어느 사람이 자기 집에서 무장하여 저항하는 데 성공한 한 사례이다. "어느 신사가 마르세유에서 권리를 박탈당하고 자기 거주지에서 살고 있었는데 그는 소총과 권총, 대검을 갖추고 무장을 하지 않고는 살아있지 못할 것이라고 선언하며 절대로 외출하지 않고 있다. 어느 누구도 감히 그를 체포하라는 명령을 실행하지 않았다.") … 그들은 조용히 감옥에 잡혀 들어갔다. 소란을 떠는 것은 나쁜 버릇이 된다. 예의바르게 자란 사람처럼 가만히 있을 필요가 있다. 그들은 재판관 앞에서 위엄과 미소를 잃지 않고 당당하게 있었다. 특히 여자들은 저녁 오락을 하듯이 편하고 태연하게 처형대 위에 올랐다."

테느(Taine)는 뒤륍보다는 진실에 더 가까이 다가갔지만 전혀 요점을 파고들지 못했다. 그들에게 적극적 용기를 뺏어간 것은 교육뿐만 아니라 여러 환경적 요소들이 결합한 탓인데, 무엇보다도 정서적으로 어리석은 탓이다. 이처럼 오늘날의 부르주아지는 말과 글로 적에게는 빌붙고 '가난하고 누추한 사람'의 구두를 핥는 등 요령을 피우는 데는 능숙하여, 약탈당하고 살해되는데도 아무런 저항을 하지 않는다.

로마는 구 엘리트가 실라노(Silano)에서 활기 있게 새로이 번성하는 것을 보고 크게 놀랐다. 바리[Bari: 이탈리아 남동부 아드리아 해에 면한 Apulia 주(州)의 주도]에 갇힌 그는 자신의 정맥을 열어달라고 (suadentique veas abrumpere) 애써서 설득하는 백부장(百夫長)에게 자신은 죽을 준비가 되어 있지만 싸울 준비도 되어 있다고 답했다. 그는 아무런 무기도 들고 있지 않았지만 맨손으로 힘이 닿는 데까지 내리치기를 멈추지 않고 자신을 방어하고 있었다. 즉 그는 전장에서 면전에서 적군의 찌르기에 얻어맞고 뚫렸다는 것을 느낄 때까지 멈추지 않았다(Tacitus, op. cit., Liber XVI, Cap. g).

루이 16세가 실라노의 정신을 가졌더라면 자신과 가족을 구출했을 수도 있었고, 아마도 국민의 피와 땀을 덜어주었을 것이다. 그는 이길 것이라는 희망을 가졌더라면 8월 10일까지도 계속 싸울 수 있었을 것이다. 테느가 말하기를 "왕이 싸우기를 원했다면 자신을 지킬 수도 있을 것이고 자신을 구출할 수도 있었으며 어쩌면 이길 수도 있었을 것이다"(*La conq. Jacob*, p. 240).

그러나 민주주의혁명이 가장 두드러지게 나타나고 있는 프랑스 같은 나라에서 수세기에 걸쳐 관찰되고 있듯이, 당시의 엘리트는 오늘날의 부르주아지와 너무나 흡사했다. 테느가 비록 루이 16세 시대에 대해 말하고는 있으나 그의 언어는 현재의 프랑스 상황을 정확하게 묘사하고 있다.

그에 따르면, "18세기 말엽이 되면 상층계급은 물론 중간계급 사이에서까지 피의 공포가 만연해 있었다. 세련된 매너와 전원시적 꿈이 호전적인 의지력을 약화시켰다(그리고 오늘날에 다시 프랑스 부르주아지는 달콤한 꿈에 빠져 있다). 모든 곳에서 행정장관들은 사회와 문명의 지속이 소수의 범죄자와 바보들의 수명보다 무한하게 소중하다는 것을 잊고 있었다. 그들은 정부의 일차적인 목표는 경찰력의 목표처럼 무력을 통해 질서를 유지하는 것임을 잊고 있다"(Ibid., p. 242).

그와 동일한 현상을 제국의 몰락을 맞이하고 있던 로마제국에서 엿볼 수 있고,* 오늘날에는 같은 현상이 프랑스 부르주아지에서 되풀이되고 있다. 이들의 종말은 과거에서 나타났던 것과 다르지 않을 것이다.**

* Renan, op. cit., p. 296: "모든 사람의 생활여건이 향상되어 … 고통 받는 사람들을 구제하는 것이 보편적 관심사가 되었다. 잔인한 로마 귀족계급은 지방 귀족계급에게 밀려났는데, 이들은 선한 행동을 하는 정직한 사람들이었다. 고대세계는 위력과 우월성을 잃어가고 있다. [정말 그렇다. 위력을 잃고 있는 상황에서 지배권을 가질 이유가 남아 있는가?] 사람들은 친절해지고, 상냥해지고, 끈기 있어지고, 인간적으로 되었다 [한마디로 약해졌다: 그러나 그것은 다만 강한 자에게 그 분야를 맡길 권리일 뿐이다]. 언제나 그렇듯이 사회주의 이념은 이러한 후한 마음가짐의 이점을 받아들이는 과정에서 출몰했다."

** Le Bon, *Psych. du soc.*, p. 384: "새로운 난봉꾼들의 적들은 그저 그들과 협상을 하고 그리하여 여러 차례의 대화를 통해 자신들의 존재를 약간 연장하려는 생각만 한다. 그러한 대화는 기껏해야 그들을 공격하도록 이끄는 용기를 북돋워주고 그들의 체면을 세워주는 데 도움이 될 뿐이다."

현재에는 이러한 현상이 거의 모든 문명국가, 특히 프랑스와 벨기에에서 가장 두드러지게 나타나고 있다. 이들 나라에서는 급진 사회주의가 상당히 진행되어 진화되고 있으며, 일부 측면에서는 이러한 진화가 일반화되는 것을 목표로 하고 있다.

피상적인 연구만으로도 이들 나라의 지배계급은 18세기 말엽에 나타난 것과 매우 유사한 정서와 인도주의 경향에 의해 세력이 약해졌는지를 충분히 알 수 있다. 그 계급의 감수성은 거의 소멸 직전에 있고 형법의 모든 효력을 무력화하겠다고 위협한다. 가난한 절도범과 온순한 살해범을 돕기 위한 새로운 법률이 매일 고안되고 있으며, 새로운 법률이 없는 곳에서는 기존 법률을 편의적으로 해석하게 될 것이다.

샤토-티에리(Chateau-Thierry: 프랑스 중북부의 도시, 제1차 대전의 격전지)에서는 한 유명한 재판관이 법과 법률 서비스를 무시하고 군중의 무분별한 열정에 따르고 있다.* 부르주아지는 스스로 물러나 조용한 채로 있다. 만약 어떤 재판관이 자신이 맡은 임무를 충실히 하기를 원하더라도 사람들은 그를 불신의 시선으로 바라보거나 사람들 면전에서 조롱거리로 만든다. 모든 공권력이 부재한 시골에서는 부랑자들이 활보하고 있어 골칫거리가 되고 있다. 그들은 외딴 시골집에서 구걸을 하면서 위협을 가하고, 여기저기서 분풀이를 하거나 사악한 충동으로 또는 순간적인 경솔한 행동으로 부자들의 성을 불태우고 있어 아직까지도 곳곳에서 방화가 빈번히 일어나고 있다.

✽ 그가 내린 마지막 결정들은 섣부른 허위 증인에 맞서는 소송을 불러왔는데 그는 최종 결정에서 다음과 같이 말했다. "X가 끔찍한 위증죄를 저지르면서까지 고의로 가족의 도구, 더구나 개인의 도구가 된 것을 고려하면(그는 운이 좋아서—그 운의 기원은 자기가 사는 도시의 시장에 따라, 즉 1870~1871년의 침공을 따라 거슬러 올라간다—그렇게 되었다고 생각한다), 그는 정의를 거슬러서 자기 의무를 무시하는 것이 쉽다는 것을 알게 될 것이다…"

사법적으로 말해서, 세습재산의 기원과 관련한 암시가 어떻게 해서 여기에 개입되는가? 그 기원(이것은 우연히 증명되지 않고 소문으로만 언급된다)과 사실(사법행정 장관만이 이것을 통과시키는 것으로 상정된다) 사이에는 어떤 관계가 있는가? 즉 증인은 매수되었는가 그렇지 않았는가? 그러나 허위라고 말해지는 증언이 사주를 받은 것인지도 지적해두어야만 한다. 그러므로 여기서 우리가 제기할 것은 평결이 아니라 무대에 펼쳐질 한 편의 드라마이다. 한쪽에는 반역자, 즉 전제 군주가 있다. 그가 하는 말과 행동은 모두 범죄이며, 시인은 그림을 완성하기 위해 그에게 자기 나라를 배신하여 얻은 세습 재산의 상속인임을 보여주고 있다. 다른 한쪽에는 박해 받는 순진한 사람이 있다. 그에게서는 모든 것이 최상의 미덕을 빨아들인다.

그 재판관은 지금 인류 회의를 관장하고 있다. 그 회의에는 그가 내뱉는 열변이 훨씬 어울릴 것이다.

그런데도 행정당국은 수수방관하고 복지부동하고 있다. 그들이 자기 임무를 곧이곧대로 수행하면 돌아오는 것은 의회에서 질타를 받거나 아니면 내각이 물러나게 된다는 것을 잘 알고 있다. 지켜보는 외부자조차도 (마치 아무런 대응책이 없는 악행에 마주친 것처럼) 조용하고 뒷전으로 물러나 있는 희생자의 표정을 짓는다. 아주 용기 있는 자들은 일부 장군들이 나폴레옹 3세의 작전을 재규정하여 재앙으로부터 자신들을 벗어나게 할 것이라고 기대하는 것에 만족한다.

2. 계급의 몰락과 부상을 나타내는 징표

파업 중에 일으킨 범죄에 대해서는 처벌을 받지 않았고, 재판관이 이따금 유죄 평결을 내리더라도 그것은 대개 형식적인 평결에 지나지 않았으며, 곧 석방되거나 파업노동자에게 벌금을 부과하는 것으로 그치는 등 정부는 '화평을 위해' 자발적으로 한발 물러섰다. 노동자들은 과거에 귀족이 가졌던 특권을 물려받았으며, 사실상 법 위에 있게 되었다. 노동자들은 자체의 특별위원회인 중재재판소를 설치했고, 이들은 설사 자신들을 위한 모든 권리를 가졌으나 이 재판소에서 명확한 절차를 통해 '우두머리'와 '부르주아'에게 선고를 내린다.

이 같이 정의를 서투르게 흉내 내서 법률을 제정한 곳에서는 정직한 변호인은 의뢰인에게 소송해도 패할 것이 뻔하기 때문에 소송을 하지 말라고 충고할 것이다. 물론 사회민주주의는 이러한 특별 재판소의 재판권을 확대하려 한다. 교회 법정은 폐지되고, 노동자들의 법정이 신설되었다. 소송을 통해 부유층을 파멸시킨 아테네 민주주의를 이탈리아 공화정이 모방을 했고, 지금은 근대 민주주의가 그것을 모방하고 있다.* 한때 권력을 가졌던 종래의 엘리트는 더욱 불리해졌고, 그래서 어느 누구도 이런 저런 체제에 반하는 것이라면 어떤 것도 이러한 사실들로부터 결론을 내릴 수 없다.**

* 살베미니(Salvemini)는 피렌체에서는 귀족이 일꾼에게 '피가 날 정도로 심한 상해를 가하는' 범죄에 대해서만 두 배로 가중 처벌을 하고, 그 밖의 경우에는 5배 또는 심지어 6배까지 형벌이 가중된다고 말한다(Salvemini, G. *Magnati e popolani in Firenze dal 1280 al 1295*, p. 178). 또한 13세기에 오르비에토(Orvieto) 지방의 인민헌장에는 일꾼에게 폭행을 가한 귀족에게는 평범한 사건에 부과된 것보다 4배 가중 처벌한다고 기술되어 있고, 또 1308년 루카(Lucca) 왕국에서는 일부 범죄에 대해서는 두 배로 가중 처벌하고, 또 일부 범죄에 대해서는 세 배, 네 배, 다섯 배까지 가중 처벌했다고 한다(p. 23). "일꾼이 귀족을 고소했을 때, 교구 목사들은 그를 쉽게 면탈할 수가 없다. 왜냐하면 그들은 한때 귀족에게 유리한 편파적 판결로 고소를 당한 적이 있기 때문이다. … 그러므로 재판관들은 항상 유죄 평결을 통과하고 피해자 측 또는 그렇다고 자처하는 사람에게 유리한 결정을 내렸다." 일정한 중재재판소나 인민에 의해 직접 또는 간접적으로 선출

된 평범한 법관이 배석하는 재판소에서 바로 이러한 일이 벌어졌다. 이러한 법관들 중 한 사람은 자신이 불법이라고 인정한 결정에 대해 사과하며 다음과 같이 말한다. "나는 내 동료를 해롭게 할 수 없었고 나를 선출해준 사람들을 불유쾌하게 만들 수 없었다."

그 저자는 계속해서 말한다. "그리하여 귀족은 불평을 하면서 말했다. '말 한 필이 질주하면서 꼬리로 일꾼의 얼굴을 친다. 당신은 군중들 사이에서 아무런 원한도 없이 누군가의 가슴을 친다. 어린 소년이 싸움을 걸게 되면 필히 작은 일을 하는 데서도 범죄자가 된다.'" 법률 해석과 관련된 예는 다음 글에 잘 나타나 있다(Neri Strinati, *Cronichetta*, p. 122 et seq). 1294년에 네리(Neri)는 550파운드의 빚 때문에 스칼리 콤파니와 함께 랍베르토 치피리아니(M. Lamberto Cipriani)의 증인이 되었다. 다른 다섯 명도 같이 증인이 되었는데, 그중에는 일꾼 두 사람도 있었다. … 엄청난 실패를 하여 보증인들이 빚을 갚아야 하게 되었을 때, 두 일꾼 중 한 명은 사망했고, 다른 한 명은 빚 갚기를 거부하며 다음과 같은 이유를 들었다. "나와 (다른 보증인인) 마페오 브루넬레스키는 귀족이었으며, 우리는 평민으로 있는 (두 일꾼) 고네와 고소 상속자들에 대해 실력행사를 할 수 없었다. … 그 사람들은 귀족에 대항하여 고소문을 제출했다." 적어도 희생자들은 자신들의 불평을 표명했다. 지금 그들은 침묵하고 있다. 나는 더 많은 사실들을 알고 있지만, 용기가 부족하여 그것들을 일일이 열거할 수가 없다. 그러한 용기 부족은 한때 권리침해를 받은 적이 있어 약간만 불평하여도 자신들에게 새로운 범죄 증거로 돌려질 것을 염려하는 사람들에게 주로 나타난다.

** 로마의 원로원 의원들이 재판관만큼 부패했다면, 기사들을 훨씬 심했다. "재판을 관장하는 권리는 기사를 최고 주권자의 서열로 승격시켰고 원로원 의원을 백성의 위치로 강등시켰다. 새로운 재판관들은 평민 재판석과 함께 투표했으며, 그 재판석에서 자신들이 원하는 것이라면 무엇이든 얻었다[지금 바로 그런 일이 진행되고 있다]. 그들은 정치적 지배에 만족하지 않았다. 그 재판석에서 그들은 원로원 의원들에 대해 공개적인 불법 행위를 자행했다[마치 지금 중재자들이 부르주아계급에 대해 행하고 있는 것과 똑같이]. 그들은 점점 부패해졌다. 그들은 거대한 이득의 쾌락을 맛보면서, 그 일회성 재판관을 훨씬 더 부끄럽게 만들었다." Belot, *Hist. des chev. rom.*, II, p. 258.

이러한 사실들은 그저 어느 계급이 몰락하고 어느 계급이 부상하는지를 나타내는 징표일 따름이다. 계급 A가 법률상 특권을 누리고 그 법률이 잘못 해석되어 계급 B에 유리하거나 불리한 경우에는 계급 A가 계급 B에 대해 유리하거나 유리해질 것이고, 그 반대인 경우에는 계급 B가 계급 A에 대해 유리한 것은 분명한 사실이다.

배심원의 판결 또한 이러한 방향을 나타내는 징후들이며, 부르주아지가 평민이 가진 최악의 정서들을 채택하고 있음을 보여준다.

끝으로, 로맨틱한 분위기가 그림 속에 들어가 있지 않으면 부르주아 감수성은 어리석게도 그 자체로 사악하다는 것을 드러낸다. 이와 관련한 많은 예들이 있는데, 최근의 예 하나만 언급하는 것으로도 충분하다. 소년같이 순진한 감수성을 가진 한 신사가 매춘부를 '구제하기' 위해 그녀와 결혼을 했다. 그런데 평범한 삶이 불가능해지자 그는 아내에게 이혼을 요구했다. 그러자 그녀는 그 신사를 살해했다. 배심원은 그녀를 무죄로 석방했는데 여기에는 피고인이 제출한 몇 가지 충분한 이유가 있다. "사람들은 처음 시작했던 좋은 공적을 만년에 완성하지 못했다고 후회하지 않는다. 내가 후회하는 것은 그가 나를 떠났기 때문에 그를 죽여야만 했다는 사실이다. 또한 내가 그를 죽인 것은 그가 이혼을 요구했기 때문이다. 그리고 그는 나를 수치심으로 덮으려 했고, 동시에 자신의 이름을 더럽혔기 때문이다. 내가 이혼녀인가? 결코 아니다! 그래서 한 가지 해결방법 밖에 없었다."*

* 그 남자 이름은 빅토르 부르만스(Victor Buurmans)였다. 그는 쿠르브부아(Courbevoie: 세느강에 면해 있는 파리 교외의 도시)에서 그에게 접근하기 위해 남장(男裝)한 어느 여인으로부터 암살당했다. 엘리제 레두스(Elisee Redus)가 쓴 편지가 재판장에서 읽혀졌는데, 그 편지 내용은 《피가로(Figaro)》(April 13, 1900)에 재인쇄되었다. 저명한 지리학자이자 공상적 사회개혁가가 말했다. "나는 그가 아내를 대하는 친절하고 신사답고 고매한 태도 그리고 그가 아내에게 말할 때 보여준 위엄 있는 절제를 보고 늘 감탄했다. 그는 절대로 불평을 하지 않았고, 그 비통한 편지를 쓰기로 결정하기 전에 그의 고통은 절정에 달했음이 틀림없다. 그 편지에서 그는 자신이 자기 집을 떠나고 있는 이유를 친구들에게 설명해 주었다…"

위에서 언급한 잡지에는 이렇게 말한다. "파리코뮌 사건에 연루되어 여유로운 시간을 보내던 시인인 빅토르 부르만스는 37년 전에 로맨스라고는 찾아볼 수 없는 어느 한 집의 동거인과 결혼했다. 그러나 인도주의 철학자는 엘리자를 수치심체서 구제하는 고결한 꿈을 꾸었다…."

소설과 신문, 잡지에서 나타난 페미니즘과 연극에서는 온통 매춘부를 옹호하는 웅변을 거침없이 내고 있다. 그 희생자는 유사한 이론들의 영향을 받았고, 그는 아내에게 다음과 같이 글을 썼다. "나는 당신을 『레미제라블』의 판틴(Fantine)[1]처럼 받아들이겠소. 그리고 당신이 사회에 복귀할 것을 믿소." 이 선량한 남자는 빅토르 위고(Victor Hugo)와 소(小)뒤마(Duma Fils) 그리고 매춘부 예찬론자들에게 귀를 기울이는 대신에 예의바른 처녀와 결혼하는 것이 더 나을 뻔했으며, 그 같은 공허한 열변을 믿은 그의 어리석음은 처벌을 받아야 마땅했다.

그렇지만 사형은 너무 가혹한 처벌이었고, 그 형을 집행하는 방식은 정의에 대한 모독이다. '인도주의'에 완전하게 도취되지 않은 사람이라면 누구나 선량하고 감상적이며 페미니스트인 배심원이 '처음에 했던 훌륭한 공적을 완성하지 못한' 사람은 그러한 공적으로부터 혜택을 받아 왔던 사람에게 죽임을 당하는 것이 합당하다는

---

[1] 『레미제라블』의 여주인공격인 양친 잃은 여직공 – 옮긴이.

이론을 다소 의심했어야 하는 것으로 보인다.

보상을 제대로 받지 못한 인도주의자의 운명은 혁명 당시의 인도주의적인 프랑스 귀족에게 닥치는 운명을 그대로 반영한다. 그것은 또한 우리의 부르주아지를 위해 비축해 놓은 운명을 반영한다. 단두대에 오르지는 않더라도 재산을 내놓는 것으로 '훌륭한 공적을 완성하지 못한' 잘못을 속죄 받게 될 것이다.

그들은 적어도 말로라도 그렇게 하도록 헌신을 다하는 한편, 가엾은 사람들과 궁핍한 사람들, 사악하고 비행을 저지르는 자들을 구제하고 사회에 복귀시키며 기를 살려주도록 힘써야 할 것이다.

"태양이 사람에게 불운의 빛을 내리 쬐기만 하면 양들은 늑대에게 잡아먹힐 것이다."*

* 이에 대해서는 르봉(Le Bon)² 의 글에 잘 나타나 있다(G. Le Bon, op. cit., p.

---

2 귀스타브 르봉(Gustave Le Bon, 1841~1931): 프랑스 사회학자이자 사회심리학자로서 '군중심리'를 통해 잘 알려져 있다. 그는 사회학 외에 의학, 이론물리학, 고고학, 인류학 등 다양한 분야에 대해 연구하는 등 많은 업적을 남겼으나 '군중심리'와 '민족진화의 심리법칙'에 대한 연구로 가장 유명하고 그의 저서 『군중심리(La psychologie des foules)』(1895)는 사회심리 연구에 발관을 마련했다. 그는 책을 통한 공부보다는 유익한 경험을 중시하며 긴 여행을 통해 여러 민족의 관습을 연구하기도 했다. 그는 『군중심리』에서 현대인의 생활은 점점 더 군중의 집합으로 특징지어진다고 믿었다. 군중 속에서 개인의 의식적인 성격은 묻혀버리고 집합적인 군중심리가 지배하게

475).

"오늘날 그런 것처럼 그들(군중들)에 비굴하게 굴종하여 빌붙는 것으로는 그들을 유혹하는 데 성공할 수가 없다. 군중들은 자신들에게 빌붙는 사람들을 후퇴시키지만, 군중은 그들을 경멸하며 후퇴시킨다. 아첨꾼들이 엄청나게 많아지게 되면 그들의 요구수준이 높아진다."

그런 다음 르봉은 다음과 같이 말한다.

"만약 프롤레타리아가 자신의 논리를 의심했더라면 동양 전제군주의 신하들보다 그에게 더 비굴한 웅변가는 없었을 것이다. 그 웅변가는 그에게 자신의 상상적인 권리를 끊임없이 떠올리게 할 준비가 되어 있다(p. 369)."

르봉은 사회주의에 대해 올바른 것을 말한다. 그렇지만 그는 그저 특정한 인류학적-애국적 종교 옹호자일 뿐이며, 그러므로 한 신도로서 열광적으로 말한다. 그가 사회주의에 맞서 싸우는 것은 사회주의가 경쟁상대 종교이기 때문이다. 르봉은 율리우스 카이사르 황제와 다소 닮은 점이 있다. 그는 기독교와 싸웠다. 하지만 자유사상가로서가 아니라 자신이 만든 이단 종교의 신도로서 싸웠다.

그것을 알고 그렇게 할 수 있는 사람에게 남아 있는 것은 양이 되는 것을 피하는 것뿐이다.

되며 따라서 군중행동은 획일적이고 감정이 앞서며, 지적인 면이 약하다고 보았다 – 옮긴이.

3. 부르주아계급의 세력 약화가 현재 종교 위기의 원인

1900년 6월 22일에 열린 공화당 상공위원회 회의에서 밀랑은 일상적인 평범한 어구로 시작하며 다음과 같이 선언했다.

"나는 **사회정의**(social justice)의 길을 따라 진전하려고 시도를 하며 노력하고 있는 것을 알고 감동을 받았습니다. 공화당은 실패하지 않고 영원히 이 길을 따를 것입니다. 또한 가장 불운한 사람들에게 동정심을 베풀고 그들에게 정의와 안녕을 제공하는 **사회복귀**(social rehabilitation) 사업을 추진하고 있는 데도 감명을 받았습니다."

그러고는 이들 부르주아지에게 상냥한 목소리로 연설하면서 동맹(alliance)에 대해 말했다. "우리 내각은 부르주아지와 노동자의 동맹의 필요성을 보여주었습니다. 우리는 그 동맹의 자긍심을 증명해야 합니다."

거기에 참석한 사람들 중 어느 누구도 옛날 교훈인 "강한 자와 동맹을 맺는 것은 믿을 만한 것이 못 된다"는 것을 기억하는 사람은 없었고, 다만 시민, '동지', 성직자에게 다음과 같이 답했다. "우리가 민족주의자를 물리치도록 당신을 도와준다면 당신은 우화에 나오는 사자처럼 행동하여 모든 것을 빼앗아야 할 것이다."

혼자서 모든 전리품을 취하는 것은 야비한 행동이다. "당신은 이미 일을 벌였소. 당신은 우리를 동맹자라고 부르지만 당신은 아무런 벌을 주지 않고 우리가 약탈당하도록 허용했소. 거기에다가 당신이 노동분과 위원으로 만들어준 당신의 친구 조레스(Jaures)[3]는 다수의 노동자들이 파업을 원하더라도 소수의 노동자들은 경찰의 명령에 순순히 따라야 하며, 파업에 참여하지 못하도록 하거나 아니면 파업에 참여하지 않는 노동자를 고용한다고 제안했소."

많은 공업가들이 있었지만, 어느 누구도 작은 목소리로 속삭일 정도의 용기도 가지지 못했다. 그렇게 옅은 정신을 가진 사람들은 전혀 고려할 가치가 없다. 그들을 마음에 둔 밀레랑은 티베리우스(Tiberius: 로마 제2대 황제, BC. 42~AD. 37)가 한 말을 기억해냈다.

"인간은 노예가 될 준비가 되어 있다."

---

3 장 조레스(Jean Jaurès, 1859~1914): 프랑스 사회주의 및 국제사회주의운동 지도자로서 당시 여러 갈래의 분파로 분할된 프랑스 사회주의 세력을 '제2인터내셔널 프랑스 지부'(후일 프랑스사회당의 모태)로 통합하였다.
고등학교 철학 교사, 대학 전임 강사로 있다가 1885년 총선에 출마하여 거의 평생을 하원 의원으로 활동하기도 하였다. 마르크스주의를 평가하면서도 이상주의, 인도주의의 역할을 중요시하여, '혁명과 개량의 종합'을 제창하였다.
제2인터내셔널에서 압도적인 영향력을 발휘하던 독일사민당에 맞서 제2인터내셔널로부터 혁명주의 색채를 제거하려고 노력하였다. 1차 대전을 앞둔 긴장 속에서 독일-프랑스의 화해를 호소하다 1914년 우익 광신자에 의해 암살당하였다.
그는 탁월한 정치 조직가이면서도 뛰어난 학자이자 논쟁가로서 『프랑스-독일 전쟁(*La Guerre franco-allemande*)』(1870~1871, 1908), 『새로운 군대(*L'Armée nouvelle*)』(1910) 등 많은 저작을 남겼다 – 옮긴이.

모든 정당들이 사람들에게 아첨을 떨고 빌붙는 것을 보면 처량하기 그지없다. 갈리페(Galiffet) 같은 사람조차도 프랑스 고등법원(프랑스 혁명 이전 시대의 최고법원)에서 자신이 사회주의자라고 선전하고 있으니! 그들은 모두 새로운 지배자 발밑에 엎드려서 그 앞에서 스스로 몸을 낮춘다.*

* 이미 훌륭하게 서술된 것을 왜 굳이 쓸모없는 단어들로 새로이 기술하려 하는가? 여기서는 아리스토파네스가 쓴 『기사들(*The Knights*)』(영역판 Benjamin Bickley Rogers, *Great Books of the Western World*, Vol. V, p. 479, 773~778, 906~911)에서 몇 구절을 인용하고자 한다.

파플라고스: 오 데모스여. 나만큼 애정을 가지고 당신을 사랑하는 사람이 어디 있겠느뇨?

당신을 안내할 자금을 내게 의지할 때 당신의 금고는 결코 마르지 않았다.

내가 당연한 것을 쥐어짜고 비틀고 싶을 때 정작 나는 이것들을 구하고 있다.

내가 만족을 느끼고 있는 동안에는 마을사람들이 어떻게 지내는지 전혀 관심을 가지지 않는다.

소시지 판매원: 왜냐고? 데모스, 거기에는 내세울 게 하나도 없어. 내가 완벽하게 할 수 있는 일을 할 거야.

조금 전에 친구한테서 고기를 훔쳐서 그것으로 요리를 하여 방금 네 식탁에 올려놓았어.

소시지 판매원: 곧 작은 단지를 준비해서 그 안에 치료용 크림을 담아놓을게. 그렇게 하면 1분 만에 당신은 욱신거리는 정강이를 고치는 의사가 될 거야.
파플라고스: 회색 머리카락을 위로 깔끔하게 묶어 올려 젊고 멋있어 보이게 해줄게.
소시지 판매원: 여기를 봐. 이렇게 이발하면 너의 귀여운 눈을 조심스럽게 닦아줄 거야.
파플라고스: 네 코를 불어 보내고 손가락을 내 머리카락 위로 씻게 해다오.
소시지 판매원: 안 돼, 안 돼. 내 머리카락 위에, 내 머리카락 위에!

부르주아계급에 새로이 종교 열기가 침투하고 있는 것은 부분적으로 이 계급의 세력이 꾸준히 약화되고 있는 데 연유한다. 그러므로 부르주아계급의 세력 약화가 현재 종교위기의 많은 원인 중 하나이다. 악마가 나이가 들면 수사(修士)가 된다는 말이 종종 떠돌고 있다. 고상한 창부는 나이가 들어 뚱뚱해지면 종종 멋진 몸매를 포기하고 성격이 괴팍해진다. 부르주아지의 경우는 전혀 그렇지 않다. 왜냐하면 부르주아지는 성격이 괴팍해지더라도 멋진 몸매를 포기하지 않기 때문이다.

부르주아지가 겉으로 드러내는 인도주의 정서와 감수성은 지나치게 부풀려진 것이며 인위적이며 허위이다. 매춘부, 도둑, 살인자에게는 동정심이 가지만 그들은 한 집안의 정직한 어머니는 아니지 않은가? 그러면 명예롭고 고결한 사람도 마찬가지로 존경할 수 없지 않은가? 오늘의 빈곤층이 겪는 고통 속으로 들어가 그 고통을 경감시켜 주려고 노력하는 것은 훌륭하고 고매한 일이다.

그러면 오늘 편하게 살다가 가진 것을 빼앗기고 비참한 상태가 되는 내일의 빈곤층의 고통에 대해서는 침묵할 것인가? 실제로 오늘의 부르주아지는 미래를 내다보지 않는다. 그들은 현재를 착취하고 그 후로는 책임을 지지 않는다. 부르주아지는 감수성을 말로만 나타내고 종종 근본적인 의도를 숨긴다. 연약한 사람은 대체로 비열하기도 한다. 그들은 교묘한 도둑질은 하지만 감히 무장 강도를 저지를 엄두는 내지 못한다.

쇠락 단계에 접어든 엘리트는 일반적으로 인도주의 정서와 친절함을 부각시킨다. 하지만 이러한 친절함은 (약한 면만 보이지 않는다면) 진솔하기보다는 겉으로만 그럴싸하게 보인다. 세네카는 완벽한 금욕주의자이지만 그는 엄청난 재화와 화려한 궁전을 가지고 있으며 수많은 노예를 거느리고 있다. 루소(Rousseau)를 칭송하는 프랑스 귀족들은 자신들의 '농장주들'에게 대금을 지급하는 방법을 알고 있었고, 새로운 미덕을 사랑한다고 해서 매춘부들과 난교 파티를 하는 데 흥청망청 돈 쓰는 것을 방해하지는 않았다. 그 돈은 굶어죽을 지경에 있는 농민들로부터 착취한 것이다. 오늘날 프랑스에서는 토지 귀족들이 곡식 및 가축에 대한 의무 덕분에 자기 동료 시민들로부터 수천 리라(이탈리아 화폐 단위)를 끌어 모으고 있다. 그중 100리라 정도만 '인민의 대학'에 기부하고, 그렇게 두터워진 돈 지갑으로 자신의 양심과 희망을 채워 선거에서 당선된다. 그들은 이렇게 한껏 사치를 누리면서도 빈곤층과 취약계층에게 동정심을 가진 탓에 감성을 자극한다.

오늘의 토지소유자인 많은 이들이 미래의 사회주의들이며, 그렇게 그들은 두 관리자로부터 동시에 길러진다. 미래는 너무나 멀리 떨어져 있으니 그날이 언제 올지 누가 알랴! 그 사이에 부를 누리고 평등을 논하며, 우애를 다지고 관공서를 세우며, 또한 때때로 돈 벌 수 있는 좋은 기회를 찾을 수 있고, 말과 미래의 약속으로 지불하는 것은 달콤한 이야기이다. 아주 멀고 불확실한 미래를 위해 서명한 약속어음을 현재의 확실한 자산과 교환하게 되면 항상 이익이 생기게 된다.

지배계급이 보호관세 덕분에 항해, 설탕 및 많은 연관 제품에 대한 특혜에서부터 국가의 보조금을 받는 기업, 기업연합, 공채 등에 이르기까지 불법으로 강탈한 금액은 다른 시기에 다른 지배계급이 벌어들인 금액에 비하면 확실히 어마어마한 금액이다. 국민이 유일하게 얻은 편리한 이점은 양털을 깎는 방법을 완성했다는 사실 뿐이다. 그래서 강탈한 부의 양에 비하면 탕진한 양은 더욱 적다. 봉건영주는 여행자의 돈을 강탈하여 상업이 팽창하는 것을 방해했다. 그는 몇 푼 안 되는 은화를 훔치고 간접적으로 약간의 리라를 파괴했다. 그의 후계자는 보호관세로부터 이윤을 벌어들여 막대한 양의 부를 불법으로 전유하지만 간접적으로 파괴를 하지는 않는다.

오늘날의 지배계급은 온갖 탐욕에 젖어 있다. 그들은 세력이 약해지자 온갖 부정한 행위를 더욱더 많이 저지르고 있다. 프랑스, 이탈리아, 독일, 미국에서는 매일같이 새로운 의무를 설정하고, 보호무역 조항을 신설하며, 위생조항을 구실로 상업에 대한 장벽을 설정하고, 온갖 종류의 새로운 보조금 내역을 만들고 있다. 이탈리아에서는 데프레티스(Depretis)[4] 내각하에서 정부는 잔디 깎는 자유노동자들이 임금 지급을 요구하자 이를 거부하는 지주들의 땅에 병사들을 파견하여 잔디를 깎게 했다.

　이러한 교묘한 수법은 날로 새로워지고 있다. 이것은 봉건 부역노동자들을 과거로 되돌리는 것처럼 보인다. 병사들은 국토를 방위하는 데만 이용되는 것이 아니라 노동자들의 임금을 낮추는 데도 이용되고 있다. 이들이 없으면 자유경쟁에 의해 임금이 고정될 수도 있기 때문이다.

　이것은 우리의 선도적인 '인도주의자들'이 빈곤층을 착취하기 위해 자주 사용하는 수법이다. 결핵퇴치를 위한 캠페인을 벌이는 것은 좋은 일이지만, 그보다는 기아 상태에 있는 사람들로부터 빵을 훔치지 않는 것이 훨씬 나을 것이고, 또 '인도주의'를 덜 내세우고

4　데프레티스(Agostino Depretis, 1813~1887): 이탈리아의 정치가. 이탈리아 국가통일운동(리소르지멘토) 과정에서 민주주의파에 속하였으며, 1860년 시칠리아의 독재대행자가 되었다. 1876년 총리가 되어 좌파 정부를 조각(組閣)하였고, 1887년까지 거의 연속적으로 총리를 지내며, 선거권 확대, 불환지폐 폐지, 철도부설 연장, 삼국동맹 결성, 아프리카 식민지 확대 등을 추진하였다 - 옮긴이.

다른 사람의 재산을 진정으로 존중하는 것이 더 바람직할 것이다.

지배계급이 나쁜 길을 포기하기 시작하고 있는 징후는 조금도 나타나지 않고 있다. 오히려 지배계급은 최후의 파국의 날이 올 때까지 계속해서 나쁜 길을 갈 것으로 보인다. 이러한 현상은 프랑스에서는 종래의 귀족체제에서 이미 나타나고 있다. 혁명 바로 전날 민중들은 불운한 루이 16세를 에워싸고 돈을 달라고 아우성을 치고 있었다.* 데프레티스 치하의 이탈리아에서는 질서정연하게 체계적으로 강탈과 약탈이 일어나고 있는 것이 목격되었다. 유권자에서 당선자에 이르기까지 모두 서로를 사고팔고 있었다.

* 오기르드(Augeard)는 다음과 같이 말한다. "그가 현장에 나타나자마자 곧바로 드칼로네(M. de Calonne)는 1억의 대부를 받았다. 그중 1/4은 전혀 왕실 금고로 들어가지 않았다. 나머지는 그 사람들이 왕실에서 삼켜 버렸다. 그가 아르투아(Artios: 프랑스 북부의 옛 주)의 백작에게 건넨 돈은 대략 5,600만으로 추정된다. 왕실로 들어간 액수는 2,500만 정도였다."
그리고 다음 글을 참고하라. Gomel, *Les derniere receveurs generaux*, p. 155: "그는 신하들 앞에서 엄청나게 관대한 태도를 보였다. 그는 돈을 달라는 요청을 거절한 적이 없다. 그에게는 금전적 호의가 전혀 부담이 되지 않은 것 같았다… 그는 신하들에게 푸짐한 하사품을 건넸다. 나중에 군주는 다음과 같은 말을 했다. '모든 사람이 자기 손을 내뻗는 것을 보고 나는 내 모자를 부드럽게 했다.' … 총무대신 칼론(Calonne)에게 말을 건 모든 사람들에게 수백만(프랑?)이 나눠졌고, 때때로 그는 너그러움을 베

푸는 데도 주도권을 잡았다. 전쟁이 끝나고 상업이 번창하면서 칼론의 흥청망청한 모습은 경악이나 비난을 불러오기는커녕 일반적으로 엄청난 국가 자원의 증거로 간주되었다." 다른 시대 다른 나라에서도 그와 똑같은 일이 벌어졌다.

197쪽에는 다음과 같은 말이 추가되었다. "그는 다른 고관들에게 의무를 부과하기 위해 이어서 작위를 부여하거나 그 밖의 다른 선물을 주는 일을 계속 진행했으며, 자신이 각종 평가에 매우 적극적임을 보여주었다. … 그가 이러한 일련의 행위를 하는 목적은 사실상 왕실 세력을 확장하거나 풍부하게 하기 위한 것이 아니라 판매인들과 환전꾼들의 간청을 충족시키려는 것이었다. … 각종 안내책자들이 재무장관이 애정을 가지고 친절함을 베푼 사실을 확인해주고 있다. 이러한 고소는 칼론이 분개하며 거부했으며 … 정당화되지 않을 것 같아 보인다." 다른 내각 대신들도 고객들과 은행으로부터 똑같이 후하게 후원을 분배받았다고 할 수 있는데, 한편으로 그들은 교환에서 아무런 보상을 받지 못하거나 받아도 약간만 받는 경우도 있다. 가장 부패한 계급들이 자신들에게 봉사하는 다소 정직한 각료들일 경우도 종종 있다.

1887년 보호무역의 강화는 시민에게 납세를 부과하는 권리를 최고 입찰자에게 경매하는 수단으로 이용되었고, 거기서 나온 수익은 철도, 은행, 강철공장, 상선을 설립하는 데 사용되었다. 지배계급 전체가 정부 주위로 고함을 치며 모여들어 조금씩이라도 물어뜯어 먹을 뼈를 요구했다. 바로 그때 악의 씨앗이 뿌려졌다. 그 열매는 1898년 5월의 눈물과 피였고, 그보다 훨씬 더 쓴 열매는 미래에나 무르익을 것이다. 지배계급의 불법적인 전유는 민중의 폭력에 의해 저지되었고, 그 폭력은 진정되었지만 부당한(unjust) 억제력에 의해 진압되지는 않았다. 내가 '부당하다'라고 말하는 것은 그 억제력이 질서와 재산을 보호하기 위한 것이 아니라 특권을 지키고, 강탈을 영속화하며, 노타르바르톨로[5] 재판 같은 수치스러운 행동을 가능케 하기 위한 것이었기 때문이다.

지배계급의 영향력이 감퇴되었다고 말한다고 해서 폭력(violence)이 줄었다는 것을 의미하는 것이 아니라는 점에 독자들이 유의하기 바란다. 심지어 약자가 폭력적일 경우도 매우 빈번하게 일어나고 있다. 겁쟁이보다 더 잔인하고 광포한 것은 없다. 강인함(strength)와 폭력(violence)은 성질이 전혀 다른 개념이다. 트리야누스(Trijan: 로마 황제, 재위 98~117)는 강인하지만 폭력적이지 않다. 네로(Nero)는 광포하지만 강인하지 않다.

사악한 행동(이것은 영속적으로 증대된다)과 정신, 용기, 강인함(이것들은 점진적으로 쇠약해진다)이 더욱 첨예하게 대립하게 되면, 그 종말은 폭력으로 얼룩진 파국을 맞이할 뿐이다. 이러한 파국은 나중에 극심하게 혼란에 빠진 후 균형을 회복하게 된다.

---

5 노타르바르톨로(Notarbartolo): 시칠리아의 주요 귀족 가문 중 하나. 정치적, 사회적, 지적 기여를 많이 한 인물들을 시칠리아로 보냈다 – 옮긴이.

제4장
새로운 엘리트의 부상

1. 새로운 엘리트의 핵심부를 차지하고 있는 고임금 노동자계급

오늘날 민중이 지배계급의 선두에 서게 된다고 믿는 경우가 있는데 이것은 일종의 환상이다. 지배계급의 선두에 서 있는 사람—그것이 누구냐 하는 것은 전혀 별개의 문제이다—은 민중에 기대어 있는 미래의 새로운 엘리트이다. 새로운 엘리트와 나머지 민중을 대비시켜 주는 약간의 가벼운 징후들은 이미 나타나고 있는데, 시간이 지나면서 이러한 대비를 나타내는 징후들은 로마시대에 나타난 평민의 귀족과 나머지 사람들 간의 대비 또는 이탈리아공화국에서 나타나고 있는 다수파 장인과 소수파 장인 간의 대비와 유사해질 것이라는 점을 보여주고 있다. 특히 이탈리아공화국에서 나타나는 대비는 적어도 부분적으로는 영국에서 나타나는 구 **노동조합**과 신 **노동조합**이 대립하여 경쟁하는 양상과 흡사하다.

유리한 사업에서 돈을 많이 버는 노동자들은 특수한 기능을 습득하는 노동자 수를 엄격히 제한하여 그 유리한 사업에서 나머지 사람들을 배제하려고 하는 현상은 어디서든지 나타난다. 유리세공업자, 인쇄공, 여타 유사한 사업에 종사하는 노동자들은 폐쇄적인 카스트를 형성한다. 많은 파업들은 조직노동자들이 미조직노동자들을 무시하는 데서 비롯된다. 요컨대 우리는 무정형 상태의 무리가 분리되어 계층을 이루게 되며, 상위계층은 곧바로 새로운 엘리트를 형성하는 모습을 볼 수 있다.

지금까지 새로운 엘리트를 구성하는 정치지도자는 어김없이 부르주아지였다는 것은 주목할 만한 사실이다. 즉 그들은 구 귀족 출신으로, 그들의 세력은 쇠퇴했지만 지식은 그렇지 않다. 그 이유는 우리 부르주아지가 저지르는 부정한 행동에 있다. 이러한 부정한 행동은 부르주아지의 우량한 부분을 반대세력 편으로 붙을 수밖에 없게 만들게 하고, 그리하여 지배계급은 더욱 약화되고 그래서 궁핍해지며, 가장 강력하고 가장 도덕적이고 가장 정직한 사람을 잃게 된다. 이탈리아에서는 어느 신사가 자기 계급의 부정한 행위(은행돈을 횡령한 것 그리고 노타르바르톨로 재판에서 진술한 사실)를 인정하든가 아니면 사회주의자에 협력을 해야 하는 딜레마에 직면하게 되자 그는 어쩔 수 없이 후자를 택하게 되는 일이 종종 발생했다.

새로운 엘리트 중에서 부르주아지 출신 지도자와 노동자계급 출신 지도자의 현재 비율이 앞으로 바뀌어서 노동자계급 출신 지도자 수가 늘어날 전망인데, 이는 노동자계급이 더욱 활동적이고, 교육을 많이 받고 더 강하기 때문인 것으로 풀이된다.

19세기 초의 양상을 보면 현재의 발전양상을 예견할 수 있다. 생물체에서 영양을 공급하는 기관과 신체의 전체 모습 사이에 존재하는 폐쇄적 관계는 생명 유기체에게나 사회 유기체에게나 공히 해당

되는 만고불변의 법칙이다. (독자들은 여기서 논의하고 있는 것은 독립적인 것이며 단순히 원인과 결과의 관계인 것은 아니라는 점을 염두에 두고 있어야 한다.) 육식동물의 형태와 초식동물의 형태가 완전히 같다고 생각하는 사람은 아무도 없다. 전시(戰時) 상태에서의 사회질서와 산업사회의 사회질서의 형태가 동일해야 한다고 생각하는 사람은 아무도 없다.

우리 사회는 지난 세기의 사회보다 분명히 훨씬 더 산업화되고 전시 상태를 벗어나고 있으며, 따라서 사회질서도 변화해야만 한다. 산업이 고도로 발달된 사회에서는 노동자계급이 조만간 큰 세력을 가지게 될 것이다. 우리는 정치선거가 행해지는 나라에서 어떤 일이 일어나는지를 지켜볼 필요가 있을 뿐이다. 도시가 산업화되어 가면 사회주의자나 적어도 급진적인 성향의 대의원이 분명 의회에 진출할 것이다.

이탈리아에서는 이전에 '콘소르티(consorti)'가 다수파였던 밀라노와 군주제 상태에 있던 토리노가 공업이 급격하게 발달하면서 지금은 사회주의자, 공화주의자, 급진주의자에게 표를 던지고 있는 모습을 보게 된다. 공업 발달이 더디게 진행되고 있는 피렌체에서는 [유권자들이] 아직도 온건한 정당에 충성을 하고 있다.

이러한 전반적인 양상은 여러 차례 언급한 바 있으므로 더 이상 장황하게 논의할 필요는 없다. 그러나 매우 중요한 또 하나의 양상이 최근에 일고 있어서 이에 대해 연구할 필요가 있다. 내가 언급하고자 하는 것은 높은 임금을 받는 노동자계급으로, 이들은 새로운 엘리트의 핵심부를 차지하고 있다.

이러한 상황을 야기한 가장 주요한 원인은 저축과 자본의 엄청난 증가에서 찾을 수 있다. 대규모 전쟁은 저축의 대폭적인 감소를 유발하는데 1870년 이후로 그런 대규모 전쟁이 유럽에서 발생하지 않았다. 국가사회주의나 지배계급의 독직 및 여타 부정부패 탓에 의한 낭비로 저축의 증가가 억제되긴 했으나 그럼에도 불구하고 이러한 모든 복합적인 원인들이 전체 저축액이 증가하는 것을 막지는 못했다.

자본과 노동의 비율이 변화하면서 전자의 가치가 하락한 반면 후자의 가치는 증가했다. 기술이 발달한 곳에서는 기계가 인간의 신체 에너지를 대체한다. 이것은 문명이 발달한 나라에서는 자본이 부족하지 않기 때문에 경제적으로 가능하다. 그렇지 않은 나라에서는 그러한 전환이 기술적으로는 가능하더라도 종종 경제적이지 않아서 대다수 인력이 육체노동에 종사하게 된다.

그리하여 자본이 풍부한 곳에서는 기계가 사람과 경쟁할 수 없는 일자리, 즉 판단력과 지능을 요구하는 일자리에 필연적으로 인력이 몰려들게 된다. 나아가 엄격한 선발에 따른 이점이 추가되는데, 엄격한 선발에 따른 고임금의 유인이 기계를 지도하는 평균 지능보다 더 나은 인간의 서비스를 확고하게 지켜주기 때문이다. 땅을 파는 일을 하는 사람에게는 두 팔만 있으면 충분하다. 그가 보통사람 두 명의 힘을 가진 헤라클레스라면 두 배의 급료를 받겠지만 그 이상은 받지 못한다. 왜냐하면 그가 하는 일은 다른 두 사람이 거뜬히

할 수 있기 때문이다. 한편 기관차를 운전하는 데는 판단력과 지능을 가진 한 사람만 필요하다. 그 기술자가 이 방면에서 능력이 약간 부족하다면, 기관차에 한 명이 아니라 두 명의 기술자를 배치하더라도 상황이 개선될 수 없다.

보통의 능력을 가진 기술자가 두 명, 세 명 심지어 네 명이 있어도 유능하고 지능이 높은 한 명의 기술자만큼 성과를 올릴 수 없다. 화학공장에 열 명의 무능한 화학자가 있어도 한 명의 우수한 화학자가 해낸 것만큼 성과를 올릴 수 없다. 그래서 아주 유능한 인력을 끊임없이 일터에 투입하고, 노동자를 다양한 계층으로 분할하여 우수한 노동자에게 엄청난 이익을 배당한다. 이렇게 하는 것이 새로운 엘리트가 형성되는 가장 주요한 요인이다.

고명한 사회주의자들은 자본을 탕진하느라 여념이 없어서 위의 모든 일에 주의를 기울이지 않는다. 이들은 부지불식중에 자신들을 새로운 엘리트의 출현을 방해하는 낡은 엘리트로 만드는 과정을 이해하지 못한다. 새로운 엘리트는 현재의 자본이 아주 풍부할 경우에만 강하게 확립될 수 있다. 마르크스주의자들은 이러한 현상에 대해 아주 명쾌하게 인식하고 있고, 또 풍부한 자본이 준비될 경우에만 승리할 수 있다는 것을 비록 과학적이지는 않더라도 적어도 직관적으로 이해하고 있다. 또한 사회주의혁명은 '자본주의단계'를 거쳐야만 한다고 말한다.

또 하나의 보다 엄격한 선발이 새로운 엘리트를 창출하는 데 도움을 주는데 이것은 노동자연합과 기업연합에 의해 이루어지고 있다. 이어서 이것은 전술한 사실들의 결과로 생각할 수도 있는데, 자본이 풍부하여 대규모 공업이 발달하고 번영하도록 하는 곳에서만 이러한 노동자연합과 기업연합이 존재하고 번창할 수 있기 때문이다. 그러기 위해서는 저축과 자본이 원천적으로 항상 풍부하게 존재해야 한다. 그렇지만 이러한 자본과 저축의 풍부함은 부분적으로는 결과이기도 하지만 그 원인이라는 사실을 망각해서는 안 된다. 왜냐하면 저축과 자본은 바로 공업의 발달과 새로운 노동자 엘리트의 형성에 의해 증대하기 때문이다.

2. 노동의 점진적 변화와 새로운 엘리트 형성이 갖는 특성

폴 드 루시에르(Paul de Rousiers)[1]는 영국에서 전개된 노동의 점진적 변화가 가진 특징을 매우 잘 관찰한 바 있는데 이러한 변화에 대해 신중하게 연구하면 우리는 새로운 엘리트의 형성도 동일한 특성을 가지고 있다는 것을 알게 된다. 그는 노동조합 지도자들에 대해 다음과 같이 말한다. "그들을 보고 당신이 감명을 받는 성질은 명확하고 정확한 실천적 마음가짐이다. 즉 현실주의적 접근, 확고한 상식으로 노력을 하여 성공을 이끌어내는 성질이다"[Rousiers, Paul de,

---

1 루시에르(Paul de Rousiers, 1857~1934): 프랑스 태생의 사회경제학자이자 산업로비스트 - 옮긴이.

Le trade-unionisme en Angleterre(Paris: A. Colin et Cit., 1913), p. 29].

이러한 성질은 소멸해 가는 낡은 엘리트들에서는 사라지고 있다.

"사회가 필연적으로 뿌리 채 전복될 것으로 믿는, 가장 선진적인 사회주의이론에 매혹된 바로 그 사람들은 자신들이 꿈꾸는 이상을 마음속에 품고 있으며, 사실들의 영역 속에서 성공을 이루기 위해 세부적인 측면에서까지 모든 노력을 기울이고 있다. … 더욱이 그들 중 많은 이들은 사회제도를 어떤 식으로도 개정하지 않는 것이 유리하다고 주장하는 데 완전히 몰두하고 있다."

그들은 스스로 강한 인물이라고 주장하며, 부르주아지의 특성을 나타나는 인도주의 정서를 함부로 약화시키지 않는다. 그들이 말하기를 "약한 자는 자신의 연약함과 싸워 이기지 못하면 향상될 수 없다. … 그들은 혈기 넘치는 양심, 힘찬 도덕적 책임감을 필요로 한다. 실천적인 마음가짐, 높은 도덕 기준, 교육 — 이 세 가지가 노동조합 지도자들의 성공을 보장하는 3대 주요 성질이다"(Ibid., pp. 29, 34, 58). 이러한 성질들이 바로 엘리트('가장 우수한 자'를 의미하는)와 나머지 일반 사람을 구별하는 성질이 아닌가?

장군이 가장 앞에 있고 그 다음에 대위, 하사관, 병사가 온다. 이들은 모두 선발된 인물들이다. 정확히 말하자면, 엘리트에는 단 하나의 계층만 있는 것이 아니라, 여러 엘리트들이 함께 어우러진 다양한 계층들이 존재한다.

"노동조합이 성공을 하게 될 깊은 원인을 알고 싶으면, 평범한 인물들, 즉 단순노동자들에게로 내려가야만 한다. 이들은 일주일에

한 번씩 규칙적으로 조합비를 낸다. 이러한 규칙적 조합비 납부가 노동조합을 번영을 가져왔으며, 그러한 조합비가 노동조합에게는 가장 우선적으로 필요한 물질적 기초가 된다.

영국에서는 조직노동자들은 진지하게 합의를 하고 그것을 세밀하게 실행한다. 어느 한 구성원이 몇 주 동안 조합비가 연체될 경우, 그는 실직, 사고, 질병 등으로 인해 구제를 받지 못하면, 그 명부에서 바로 삭제된다."

그러면 이러한 현상은 어디서 생겨나는가? 그는 **새로운 프롤레타리아**로 전락하고, 이 새로운 프롤레타리아는 **새로운 엘리트**와 나란히 형성된다. 현재의 부르주아지 자녀들은 새로운 엘리트에게 스스로 자리를 빼앗기게 되고 난 다음에는 더욱 상황이 나빠진다.

루시에르는 "정기적으로 내는 조합비 같은 물질적 사실을 강조하며" 다음과 같이 부연한다.

"금전력을 제외하면 노동조합을 보장해 주는 것은 조합원들이 정기적으로 내는 조합비이며, 이 조합비가 노동조합에 소속된 사람들의 특성을 보여주는 표식이다.

앞으로 이것에 대해 진술할 기회가 있을 것이다: '노동조합 조합원은 선택의 결과이다.' 이 사람들은 자신들이 이해하고 있는 어떤 목적을 위해 자발적으로 함께 모였기에 이들이야말로 성공의 진정한 토대이다"(45 Ibid., pp. 40, 41). 이것 말고 어떻게 엘리트의 탄생을 설명할 수 있을까?

이탈리아 사회주의자들은 자신들의 교의가 전파된 곳에서는 노동자들이 더욱 도덕적이 되고 더욱 정직해지며 폭력을 사용하지 않게 된다고 되풀이해서 말했다. 또한 노동자들은 아내를 구타하지도 않는다. 그렇지 않으면 그들은 [당에서] **제외된다**. 한편 이들은 선술집에서 술에 취하는 법도 배운다. 이것은 모두 맞는 말이지만, 대부분 노동자들을 제외하면 그들은 그렇게 되지 않으며, 그들은 자체적으로 **선발되는**데, 이것은 아주 다른 문제이다. 어떤 사람이 자신의 습관을 바꿀 수 있다는 점은 부인하지 않지만, 지금까지 모든 사람은 그것이 예외적이라는 것을 알고 있다.

통상적으로 종(種)은 서서히 그것도 아주 서서히 변화하긴 하지만 실제로 개체는 잘 변화하지 않는다. 훌륭한 수학자를 가지려면 그를 **선택해야**(select) 한다. 얼간이에게 좋은 교육을 시킨다고 수학자로 **만들**(make) 수는 없다. 누가 겁쟁이를 용기 있는 자로 바꿀 것이며, 문란한 여인을 정숙한 요조숙녀로 바꿀 것이며 앞을 내다보지 못하는 자를 선경지명이 있는 자로 바꿀 수 있겠는가?

그렇다고 사회주의자들이 우량하고 고결한 노동자들의 수를 늘린다는 사실을 부인하려는 것은 아니다. 그들이 그렇게 하는 이유는 그들은 우량하고 고결한 노동자들에게 자신을 드러낼 수 있는 수단을 제공하기 때문이다. 그러면 좀 더 폭넓은 가정을 해 보자. 즉 그들은 일부 노동자들을 근본적으로 변화시킨다. 그렇게 하더라도 여전히 자질이 부족하고 또 정직함과 도덕과 지적 능력이 부족한 잔여 사람들만 남게 될 것이며, 이들이 새로운 프롤레타리아를 구성하게 된다.

프랑스에서 신문 편집 일을 맡고 있으면서 노동조합에 완강하게 반대하는 잘 아는 친구가 있는데 그녀는 자신의 잡지를 위해 인쇄공노동조합과 교섭하는 일을 맡게 되었다고 말하면서 "이주노동자들은 도저히 신뢰할 수 없을 정도로 무분별하게 행동을 했기 때문이라고 했다." 이것이 바로 그 이주노동자들이 자발적이든 아니든 기업연합과 일터에서 배제된 이유이며, 또한 자신들 계급의 엘리트에서 밀려나 프롤레타리아로 전락하게 된 이유이다.

이러한 유형의 선택이 지금은 주요한 비중을 차지할 것인데, 그 원인은 자본이 크게 증대하고 산업변화가 더욱더 심화될 것이기 때문이다.

독일에서는 비스마르크에 의한 박해가 있었고 이탈리아에서는 부르주아정부에 의한 박해가 있었는데, 이러한 박해 또한 새로운 엘리트의 선택이 가진 이점을 증명해주었다. 이러한 박해 덕분에 충성심이 의심스럽고 성격이 불안정한 많은 사람들이 제거되고 직업정치인들을 가까이 오지 못하게 했다. 한편 사회주의가 집권당이 된 프랑스에서는 이미 많은 수의 직업정치인들이 사회주의자들로 변신하고 있었다. 이러한 폐단이 (항상 승리를 하며) 조만간 다른 나라의 새로운 엘리트들 사이에서도 나타날 것이다. 새로운 엘리트가 확고하게 확립되어 있을 때는 후자의 상황이 일어나는 것이 새로운 엘리트에게는 더 나을 것이다. 하지만 새로운 엘리트는 아직 형성과정에서 여전히 허약하다.

새로운 엘리트의 출현은 우리가 종교위기와 관련하여 상기한 사실들에서도 나타난다. 프랑스에서는 사회주의의 한 일파가 정부에 참여하고 있다. 다른 일파들은 외곽에서 입이 타들어간 채로 머물러 있다. 새로운 프롤레타리아를 형성하기 시작한 자들은 고함을 외치며 밀랑과 그 일파에 대항하는 제안을 승인하며 그러한 비난을 비웃고 있다. 나우만이 내세운 과감한 제안이 실현되었더라면 새로운 엘리트가 갑자기 출현했을 수도 있었다. 새로운 엘리트는 자신의 콘스탄티누스 주위로 다가가서 낡은 인도주의 장광설을 진지하게 받아들이려고 애쓰는 새로운 프롤레타리아들을 기병대를 동원하여 강압적으로 억누를 수도 있다.*

* 여기에는 온전히 간과해서는 안 되는 부차적인 신호들이 있다. 예를 들어 현재 프랑스에서는 '무정부의자들'을 고발함으로써 파업에 따른 폭력과 비행을 용서하는 관습이 있다. 달리 말하면, 새로운 엘리트는 새로운 프롤레타리아를 속죄양으로 이용하고 있다. 《피가로》는 처음에는 부르주아 성향을 띠다가 밀랑이 수상 자리에 오른 이후로 다소 사회주의 성향을 띠게 되었는데 이 신문 1900년 6월 5일자에는 다음과 같은 기사가 실렸다.

"샬롱-쉬르-손(Châlon-sur-Saône: 프랑스 부르군디 지방 남쪽에 잇는 도시)의 무질서는 매우 특별한 조사를 해야 할 주제가 되는 사실을 드러내주었다.

그날 잔인한 폭도로 변질된 것은 무질서에 일부 참여하여 파업을 일으킨 노동자들이 아니었다[그들은 완벽하고 나무랄 데가 없는 인간이라고는 상상할 수 없는 악인이었다]. 그들에게 책임감이라고는 전혀 찾아볼 수 없다. … 이와 대조적으로 그들은 무정부주의자(anarchists)였다[그들은 그 전 시대에는 악인(villains)이라고 불렸으나 오늘날에는 무정부주의자라고 불리고 있다. 이 점에 대해 독자들은 명심해야 한다]. 이 악인들은 300배나 강해져서 도시에 나타나 비밀회의를 개최하고 파업을 조장했다[기자들이 자기 노트에서 밝혀놓은 것을 너무 많이 증명하려고 하면서 핵심적인 부분을 건드리지 않는 것이 더 나을 것이다]. 무정부주의자들의 갑작스런 개입으로 인해 손에루아르(Saône-et-Loire) 같은 부지런한 도시가 혼란한 상태에 빠지게 되었다."

사회주의자들은 대회를 개최하는 동안 무정부주의자와 여타 반대세력이 이단 무리들을 무력을 이용하여 몰아냈고 런던에서는 심지어 부르주아 경찰의 도움을 요청하여 그들을 몰아냈다. 이러한 무력을 사용하지 않으면 질서가 유지될 수 없기 때문에 달리 방도가 없었고 무사히 대회를 치렀다. 이 불운한 부르주아 인도주의자들만이 그저 젖과 꿀에 지나지 않은 달콤한 집권의 꿈을 꿀 수 있었고, 경찰과 군인이 자신들을 넋이 잃도록 하도록 요구하고, 무기를 사용하기 전에 그들 중 하나가 쓰러질 때까지 기다릴 것을 요구한다. 미래 엘리트의 경찰은 별로 인내심이 없을 것이라고 확신할 수 있는데, 왜냐하면 지휘관이 될 사람은 어린애 같은 늙은이처럼 생각하는 것이 아니라 혈기왕성한 청년처럼 생각할 것이기 때문이다.

이제 프랑스같이 민주주의와 사회주의가 공히 발달한 나라를 살펴보도록 하자. 그러면 새로운 엘리트와 종래의 엘리트 간의 투쟁의 결과가 의심의 여지가 있을 수 없다는 것을 곧바로 알게 될 것이다. 새로운 엘리트는 혈기와 힘이 넘쳐나는 반면 종래의 엘리트는 기력을 소진한다. 과감하고 용감한 새로운 엘리트는 '계급투쟁'을 선포하지만 종래의 엘리트는 유치하게 '연대'를 찬양한다. 새로운 엘리트는 친절로 되갚는 대신에 얻어맞고도 머리 숙여 인사하고 당신에게 감사하다고 말한다.

언론을 눈여겨보라. 신흥 엘리트는 자신의 공정하고 일반적인 이익을 지키지 위해 신문을 가진다. 어쩌다가 음식을 충분히 먹는 사람은 자신을 삶을 부지하기 위해 절약을 한다. 부르주아지는 이러한 종류의 신문을 가지는 데 재정적 희생을 원하지도 않았고 필요성도 알지 못했다. 이를테면, 《아반티》에 비견할만한 부르주아 신문은 몇 안 된다. 부르주아지는 확실히 많은 신문에 재정을, 심지어 엄청난 재정을 투입하지만 이 신문들은 공정하지도 일반적이지도 않은 이익을 대변하고 있다. 부르주아지는 파나마운하, 철도계약, 철강계약, 상선 할증료, 보호관세 등에서 이윤을 벌어들이기 위해 투자를 하고 있다. 그들은 공적 자금을 탈취하는 부정한 계약자들로부터 후원을 받고 있거나 아니면 상원의원, 민의원이나 적어도 시평의원 또는 그렇게 되기를 원하는 야심찬 신사들로부터 후원을 받고 있다. 요컨대 그들은 특수한 이익과 공정하지 않은 이익에 봉사한다.

각종 파업을 눈여겨보라. 노동자들은 동료들과의 약속을 굳게 지킨다. 그들은 모든 동료들이 인정을 받기 전까지는 그리고 모든 저항이 자신들이 패배를 인정하는 것이 불가능해질 때만 일로 복귀하지 않고 비참함과 배고픔을 참고 지낸다. 한편, 고용주들은 대체로 파업노동자를 대신하여 고용한 사람들과의 약속을 지키지 않는다. 고용주들은 양심의 가책도 느끼지 않고, 즉 부끄러워하지도 않고 그들을 희생시킨다. 이와 관련한 예들은 수없이 많지만, 지난해 런던의 석고세공회사에 있었던 일을 언급하는 것으로 충분하다. 이 회사는 파업노동자들과 합의에 도달했으나 이들을 대체하기 위해 이탈리아 노동자들을 고용했다.

다른 나라 민의원들을 눈여겨보라. 이탈리아 사회당 민의원을 눈여겨보라. 그들의 생활은 위엄이 있고 매우 정직하며, 각료들을 괴롭히고 유리한 것을 추구하는 정치꾼 민의원들과는 비교된다. 그들은 그렇게 해서 수익을 얻을 수 있다면 매일 30개의 은화로 그리스도를 팔려 할 것이다.

새로운 엘리트의 강건한 규율을 눈여겨보라. 그들은 자기 사람들 사이에 범법자가 발견되면 즉각 퇴출한다. 한편, 부르주아지는 자기 계급의 비열한 불법행위에 눈을 감아준다면 현명하게 행동할 것으로 믿는다. 이탈리아에서는 은행강도 짓을 하고도 노타르바르톨로의 암살자를 보호해주었다고 아무런 벌을 받지 않았다. 오히려 그들은 고위 공직에 올라 모든 사람이 그들을 존경하고 있다.

3. 새로운 엘리트는 승리한 후엔 점점 경직되고 배타적이 된다

루시에르는 도장공노동조합에 관한 이야기를 들려준다.

"각종 규칙들의 엄격함은 임금이 체불된 노동자들을 겨냥하고 있다. 나는 어느 날 노동조합 비서관 D씨를 동반하여 그와 함께 작업장을 순회하면서 몸소 한 사례를 보았다. 우리는 날림공사의 목수가 급하게 지은 일렬로 된 집들 중 어느 한 집에 막 다가갔다. 그때 어느 일꾼이 내 동료가 도착하는 것을 보고 당황하는 기색을 했다. 그는 벽에 구획된 방을 회칠한 벽으로 가리는 일을 하는 도장일꾼이었다. '수고하네!' D씨가 말했다. '지난 토요일에 약속한 거 준비되었는가?' '아니요!' 가련한 노동자는 머리를 수그리고 구슬프게 대답했다. D씨는 계속 말했다. '내가 경고했지,' '만약 오늘 자네에게 불유쾌한 일이 일어난다면 그것은 전적으로 자네가 책임져야 하고 잘못은 오직 자네에게 있다는 것을 알게 될 것이네.' '예.' 그리고 D씨는 그에게 닥칠 불운은 전혀 개의치 않고 나에게 말했다.' … '자신을 돌볼 줄 모르는 불쌍한 동료들 중 한 명이 여기에 있네…' 다행히도 사장이 도착했다. 그는 주머니에서 5실링을 꺼내더니 그것을 도장일꾼에게 선불임금으로 주었다. 그것을 밀린 임금으로 주라고 D씨에게 건네주자 그들은 계속 일을 할 수 있었다. D씨는 나에게 말했다. '그런 일이 없었다면 그들의 일을 지체 없이 중지시켰을 것이야'"(Rousiers, Paul de, op. cit., pp. 91, 92).

만약 그 비서 — 노동조합이 자체의 법률을 따르는지를 감시할 목적으로 급료를 지급하는 관리 — 가 부르주아 정부가 법을 집행하도록 급료를 지급하는 샤토-티에리의 재판관이었다면, 그는 단호한 어조로 행동하지 않고 그 대신에 가난한 사람의 비참함에 대해 다소 수사적인 어구를 사용했을 것이다. 많은 노동조합 조합원들이 우리 부르주아지와 닮았더라면, 그들은 자신들의 비서를 옹호하는 대신에 그들 중 일부는 탁월한 윤리논쟁에 참여하여, 자신들이 빚진 것을 지불하지 않은 사람들과의 '연대(solidarity)'를 호소하게 되고, 어리석고 결론이 나지 않을 연설로 판결을 무효로 만들 것이다.

또 그중 일부는 훨씬 나쁜 행동을 하게 될 것이다. 즉 그들은 노동조합의 공정하고 일반적인 이익이 아니라 조합원 개개인의 덜 공정하고 특수한 이익을 가지고 자신들에 관심을 가질 것을 비서에게 요청하려 들 것이다. 이 경우 그 비서는 위처럼 말하는 대신에 조합기가 연체된 조합원에게 다음과 같이 말했을 것이다.

"다음 선거에서 당신은 크리스피(Crispi)[2]와 같은 다미아니(Damiani)에게 표를 던질 것이다(이것은 이탈리아에서 일반적으로 자신을 표현하는 방법이다). 그렇게 한다면, 조합비를 내지 않아도 즐거워진다."

누군가 당신에게 다음과 같이 말했다.

---

2 크리스피(Francesco Crispi, 1819~1901): 이탈리아의 정치가로서 데프리테스 후임 수상(1887~1891, 1893~1896)을 역임하였다 - 옮긴이.

"두 군대 A와 B가 서로 대결하고 있다. 군대 A는 아무런 규율도 없고 용기도 없으며 활력도 없고 자기 군대 깃발에 대한 믿음도 없다. 이러한 사람들은 군대 B와 싸우고 있다는 것조차도 감히 분명하게 말하지 못하지만, 그들은 한참 싸우고 있는 동안에도 평화 상태에 있다고 꾸며대고 싶어 한다. 그들은 군대 B에 무기를 공급하기 위해 모금을 하면서도 자신들에 대해서는 한 푼도 내려 하지 않는다. 그들은 수다를 떨며 쓸데없는 말만 늘어놓는다. 그들은 자신들이 운영하는 제분소에 곡물을 나르고 거기서 뭔가를 가져가려 한다. 최상의 병사들은 자기 진영을 버리고 군대 B의 진영으로 넘어간다. 한편 군대 B의 병사들은 자신들이 원하는 바를 알고, 자기 군대를 강하게 하고 싶어 하며, 그들은 규율을 유지하고, 자기 군대 깃발에 대해 신념을 가지고 그것을 높이 치켜들고, 군대 A를 물리쳐서 풍비박산 나게 만들고 싶다고 분명한 어조로 말한다.

그들은 견고한 집단으로 굳게 결속되어 있으며, 각자 동료와 자기 깃발을 위해 희생할 태세를 갖추고 있다. 그들은 적을 도와줄 생각은 꿈도 꾸지 않고 자신들이 아닌 다른 어느 누구에게도 무기를 조달하지 않는다. 그들의 수는 꾸준히 늘어난다."

그러면 당신은 다음과 같이 묻고 싶어질 것이다.

"당신은 어느 편이 이길 거라고 생각하느냐?" 어떤 대답이 나올지 궁금하지 않은가?

우리의 부르주아지는 적을 이롭게 하는 데만 에너지와 돈을 쓴다. 악한 자, 무능한 자, 타락한 자들을 돕기 위해 엄청난 수의 협회들이 생겨나고 있다. 그런데도 우리의 부르주아지는 자기 권리를 지키는 데만 급급하여 그런 협회를 설립하는 데 전혀 관심을 두지 않는다. 그런데 그들은 권리를 가지고 있는가? 그들에게는 권리가 없는 것처럼 보이는데, 왜냐하면 그들은 권리가 빠져나가는 것을 부끄러워하기 때문이다. 자기 소유권을 부정하며 인민대학교에 기부금을 내는 자는 그 소유자이다. 이 대학은 모든 것은 그 소유주로부터 나온다고 가르친다. 어떤 관점에서 보면, 사실상 그들은 어떤 권리도 가지지 않는다고 말할 수 있다. 왜냐하면, 그들은 그 권리를 지키는 방법을 모르기 때문이다.

당분간 새로운 엘리트는 유연하고 모든 사람에게 개방적이지만, 승리를 한 다음에는 다른 사람이 하는 것과 똑같이 행동을 한다. 승리한 후에 그 엘리트는 점점 경직되고 더욱 배타적이 되어 간다. 만인의 평등을 천명한 불교는 티베트의 신권정치를 배태시켰고, 가난하고 가련한 자를 위한 것처럼 보이는 그리스도교는 로마의 신권정치를 배태시켰다는 사실을 똑똑히 기억해둘 필요가 있다.

그리스도교는 종교개혁기에 새로운 엘리트로부터 도전을 받았지만, 그것은 완전히 쇠퇴하지는 않아서 단지 부분적으로만 패배를 맛보았다. 종교개혁기에 종전의 엘리트가 쇠퇴하는 기미와 이들의 오만함이 증가하게 된 것은 신흥 벼락부자의 출현에서 명확히 볼 수 있다. 지킹엔(Sickingen)[3]과 후텐(Hutten)[4]이 그 같은 혁명적 기사

---

3 지킹엔(Sickingen, 1481~1523): 독일의 기사로서 자유기사단의 일원

정신의 전형적인 두 예이다. 여느 때처럼 새로운 엘리트는 가난하고 가련한 자에 기대었다. 여느 때처럼 이들은 자신들에게 한 약속을 믿는다. 여느 때처럼 그들은 속고 있으며, 예전보다 훨씬 더 무거운 멍에를 어깨에 지게 된다.*

* 요즘 유행하는 인기가요에서는 얀센(Janssen)의 말을 인용하여 다음과 같이 부른다. "인생은 오랫동안 편하고 안락해. 하지만 그들은 느닷없이 십일조 내는 걸 거부하네. … 그들은 재산을 나누고 싶어 하지만 … 곧바로 형벌이 뒤따르네. 그 노래의 마지막 구절은 이렇다. 그것은 야만적인 전제 군주이다. 오 주님. 우리의 하나님! 우리에게 평화를 주소서!"
또 다른 노래에서는 이렇게 말한다. "그들은 우리에게 말하네. 너는 부자가 될 거야. 너는 행복하고 존경받을 거야. 그들은 온갖 종류의 선물을 주기로 약속했어. 그게 그들이 우리를 속이는 방법이지. 우리가 부자가 되었

으로 마르틴 루터 등 많은 종교개혁가들을 자신의 성에 숨겨주는 등 독일의 종교개혁 초기에 중요한 역할을 하였다. 보름스(1513)·메스(1518)를 비롯한 도시들을 상대로 전투를 벌여 상당한 재물과 영지를 획득했으며, 신성로마제국 황제 카를 5세가 새 황제로 선출되도록 영향력을 발휘하였다 – 옮긴이.

4 후텐(Ulrich von Hutten, 1488~1523): 독일 프랑켄 출신의 기사이며 인문주의자로서 루터와 동시대인으로서 종교개혁초기 독일 민중의 지도자. 루터가 기득권자들의 입장을 고수하고 그들을 옹호하는 개혁을 펼친 데 후텐과 뮌처는 농민들, 하층민들의 입장에서 개혁을 추구하였다 – 옮긴이.

니? 하느님이 우리를 가엾이 여길 것 같니. 우리가 가진 것마저 잃었어. 지금 우린 가난하잖아."

마찬가지로 1789년 혁명도 자코뱅 과두제를 낳았고 제국주의 전제정치로 마감되었다.* 이러한 현상은 항상 일어나는 일이며, 그런 사건의 통상적인 경로가 지금이라고 바뀔 하등의 이유가 없다. 카르미 시빌리니(Carmi Sibillini)가 사람들에게 "부유한 자도 가난한 자도 없는 세상, 폭군도 노예도 없는 세상, 잘난 인물도 못난 인물도 없는 세상, 왕이나 지도자가 없는 세상, 모든 것이 공평한 세상"이 올 거라고 약속한 날로부터 수많은 세월이 흘렀다(Pedianus, Quintus II, 322~324). 불쌍하고 가련한 사람들은 아직도 이러한 약속이 실현되기를 기다리고 있다. 새로운 거창한 약속들이 동일한 결과를 낳을 가능성은 항상 존재하고, 그 결과가 마찬가지로 짧은 시간 내에 이루어질 것이라고 기대할 수 있다.

* 로마제국의 기사들이 사법권력을 획득하여 원로원 의원들보다 높은 위치로 올라가는 데 '가난하고 비천한 사람들'은 거의 또는 전혀 소용이 없었다. 디오도루스 시쿨루스(Diodorus Siculus)는 무시우스 스카에볼라가 자신의 세무사 루틸리우스 루푸스와 함께 아시아 출신의 수세리(收稅吏)들의 탐욕을 억누르고, 그들이 기사들의 도움을 받아 백성들에게 강요한 각종 악랄한 법규들을 시행하지 못하게 한 이야기를 들려주었다. 기사들은

정직하고 강직한 아스코니우스 루틸리우스에게 형벌을 내려서 복수를 했다. "스카에볼라(Scævola)는 말한다. 루푸스(Lufus)는 자기 관할지역에서 일을 하면 세금을 부과하지 않겠노라고 주지사와 협의하는 데 동의했다고 유죄 선고를 받았다. 나는 로마 기병대로부터 이 소식을 듣고는 (술라[Sulla]가 영향력을 행사하여 결정의 시간을 가져야 당신은 시작할 수 있기 때문에) 그에게 사형을 선고했다(In divmat., 1.7)."

새로운 귀족은 승리 후에 아마도 새로운 프롤레타리아에게 형식과 언어를 약간 양보할 것이다. 즉 약한 자나 형편없는 자, 무능한 자들에게 약간의 양보를 할 것이지만, 이들은 지금 그들이 지고 있는 멍에보다 어쩌면 훨씬 더 무거운 멍에를 지게 될 것이다. 새로운 주인은 적어도 잠깐 동안은 현재 부르주아지와 달리 노쇠하고 허약하지 않을 것이다.

르봉은 이렇게 말한다.

"오늘날의 노동자는 다시는 보지 못할 국면에 자신이 있음을 발견한다. 그는 자체의 법을 제정할 수 있고, 암탉이 피를 흘리지 않고 황금알을 낳게 할 수 있다"(Le Bon, op. cit., p. 556).

이는 일반적인 현상이 아니라(이에 대해서는 이탈리아와 러시아 예를 언급하는 것으로 충분하다) 국가사회주의로 길로 들어선 나라에 해당되는 사실이다. 누진세가 시행되는 지역의 사람들이 볼 때, 세금이 지배계급에게 가장 큰 이익을 가져다주는 지역에서는 어떻게 해서 그 세금이 아주 제한적이고 반복해서 인상되고 있다는 사실을 보면 이상하게 여길 것이다.

  로마제국 정복자들은 노예가 그 자신을 위해 일정한 비상금을 가지고 있는 것이 자신들에게 이익이 된다는 것을 경험을 통해 터득했다. 그렇게 하는 것이 주인을 위해 더 열심히 일하게 자극을 주고 더 많은 생산을 하게 된다는 것이다. 마찬가지로 우리들의 경험은 계약자와 자본가를 약탈하는 것은 황금알을 낳는 암탉을 죽이는 것과 똑같은 일이라고 몇몇 민주주의정부에게 가르쳐주고 있다. 그러므로 그들은 노동자가 일정한 소득을 유지하도록 하고 그들이 자신들의 지적 재능과 부를 경제적 생산에 이용하기를 꺼려하지 않게 하여 가능한 한 많은 것을 취하는 데 만족한다. 그리하여 그들은 주인이 노예를 착취하는 것과 똑같이 가능한 한 최상의 방법으로 노동자를 착취한다. 새로운 엘리트가 현재의 엘리트가 자신들을 강탈당하도록 허용한 만큼 많은 인내심을 가질 것인지는 확실하지가 않다. 이러한 경우에 국한한다면 르봉이 한 진술들이야말로 정곡을 찌르고 있다.

  르봉은 상비군에 대해서도 주시하고 있는데, 이것 역시 극히 일부분에만 해당된다. 그는 모든 시민이 복무하는 상비군은 사회주의 전쟁에서는 하나의 도구가 되는 것으로 끝날 것이라고 생각한다.

  "여기에는 아직 여러 정부들이 보지 못하는 위험이 도사리고 있으므로 이 위험을 강조하는 것은 무익하다."

  그는 말을 이어간다.

"각종 사건들의 발단이 지난 과거 여러 시대 건축물의 기초를 약화시켰다.

군대는 지난 시대 건축물의 마지막 보루이자 그 건축물을 떠받치는 유일한 보루였는데 그런 군대가 매일같이 심하게 무너지고 있다"(Le Bon, op. cit., p. 556).

이러한 현상은 프랑스에서 여실히 나타나고 있으나 독일에서는 아직 분명하게 나타나지 않고 있다. 단 하나의 사실만으로 독일 군대의 붕괴 가능성을 예단할 수는 없다. 반대로, 우리가 알고 있는 모두에게, 오로지 고위계층으로부터만 장교를 충원하는 독일 군대는 불가해한 집단으로 보이며, 독일에서 사회주의가 승리를 성취할 수 있는 유일한 길은 나우만이 지적한 방법이 가장 유망할 것으로 보인다.

그럼에도 불구하고 형식과 관련하여 우리의 불충분한 과학적 지식으로는 조금만 예견하거나 전혀 예견할 수 없으며, 현상의 실체에 대해서는 거의 알 수 없다는 점을 명심하고 있어야 한다.

제5장
주관적 현상

1. 사회주의는 오로지 부르주아계급의 노고와 노력을 통해서만 성장해왔다

종교위기가 우리 의식의 과정에 의해서만큼 크게 왜곡되는 경우는 없다. 그러므로 주관적 현상(subjective phenomenon)은 이차적으로 현시되는 경우를 제외하면 현실에서 아주 멀리 떨어져 있는 것이 아니다. 가톨릭교도, 개신교도, 사회주의자들은 자신들이 어느 정도 종교 물결에 휩싸여 있다고 생각한다. 맞는 말이다. 사회주의자들은 자신들 종교가 과학적이라고 크게 강조하지만, 일부 개신교 교파들과 동일하다고 할 수 있다. 사회주의자들 중 일부가 오랫동안 어떻게 자신들의 신앙을 순수한 합리주의(rationalism)와 결부시켜온 것은 기이한 일이다.

그들이 보기에 예수 그리스도는 더 이상 신적인 존재가 아니라 그저 뭇사람들 중에서 뛰어난 한 사람에 불과하며, 그가 베푼 기적은 자연법칙에 의한 것이다. 이러한 운동은 종교적 신념이 감퇴한 이래로 죽 진행되었다. 즉 1860년을 전후로 하여 지금까지 진행되고 있다. 종교적 신념이 부상하는 시기로 되돌아오면서 이들 교파는 자신들이 이전에 걸었던 것과 동일한 길로 복귀하지 않고 다른 경로를 따라 종교로 되돌아갔다.

그들이 지금 표방하고 있는 것은 (비록 그들이 듣고 싶어 하지 않지만) 사회종교(social religion)이다. 즉 사회주의가 그것이다. 그들에게서 그리스도의 업적 속의 초자연적 요소는 완전히 사라진다. 남아 있는 모든 것은 가난한 자를 잘 살게 하는 것을 목표로 삼는 부분이며, 이것은 속성상 사회적(social)이라 칭할 수 있다.

이러한 분파들은 작은 강들처럼 거대한 사회주의 물결 속에서 길을 잃게 될 것으로 보인다. 왜냐하면 그들의 교의는 어떤 인간 욕구도 충족해주지 못하기 때문이다. 초인적인 것을 갈망하는 자 — 이런 사람들의 수는 많다 — 는 그리스도의 신성한 성격을 보존해온 사람들에게로 가고, 무신앙자들은 직접 사회주의로 가는 길을 멈추지 않는다. 사실 이들 분파는 이미 병사 없이 장교들로만 이루어진 군대이다. 사람들은 그들을 이해하지도 좋아하지도 않는다.

많은 부르주아들은 자신들이 올라타고 있는 기독교 종교물결을 사회주의에 맞서 싸우는 수단으로 여긴다. 즉 그들은 종교적 감성으로 나타나는 많은 것들 가운데 적어도 자신들의 이익에 반하는 하나를 선택하거나 선택하고 있다고 생각한다. 그것을 선택한 이유는 확실히 약간의 효과를 가져다주었지만, 그 효과는 생각한 것만큼 그리 크지는 않았다. 종교운동에 대한 근거를 제공하기 위해 때때로 그 선택은 사전(事前)에 존재했지만, 사후(事後)에 발견되는 경우도 종종 있었다. 설사 배후에 전략적 사고가 있었더라도 그것은 원하던 결과를 낳지 못했다.

지배계급은 백성을 복종시키기 위해 종래의 종교적 신앙을 이용하고 싶어 했으나 백성들은 낡은 종교적 신앙으로부터 점점 멀어져 가고 새로운 신앙—특히 사회주의 신앙—으로 돌아서고 있었다. 부르주아계급은 오직 부르주아지 자신의 신분 내에서만 성공을 거두었다. 적군 병사들을 쉽게 물리치기 위해 그들에게 최면을 걸고 싶어 하는 어느 장군의 예를 들어보라. 그가 아무리 용을 써도 적군 병사들은 최면에 걸리지 않고, 오히려 자기 병사들이 최면에 걸리게 되고 그리하여 적군의 포로가 되었다. 부르주아계급이 의식을 가지고 낡은 형태의 종교에 관해서는 물론 새로운 형태의 종교에 관해서도 성취한 것이 바로 이러한 것이다.*

* 이 점에 대해서는 르봉이 매우 잘 말하고 있다. "현재 사회주의의 모습은 하나의 교의(doctrine)라기보다는 정신상태(mental state)이다. 사회주의를 위험에 빠트리는 것은 대중의 정신 속에서 산출된 (아직까지는 매우 연약한) 변화(changes)가 아니라 지배계급의 정신 속에서 이루어진 매우 거대한 변경(modifications)이다"(Ibid. p. 461).

파리의 '정치경제학협회'에서는, 프랑스에서 절대금주론자들이 하는 행동은 일반 사람들에게 거의 또는 전혀 영향을 미치지 않고 유한계급에게만 영향을 준다는 사실을 확인했다. 과음은 예전처럼 지속되고 있고, 절주는 약간만 감소하고 있다. 상류계층의 이러한

제5장 주관적 현상 **147**

금욕적 생활은 자신들을 지킬 수 있는 힘을 점점 더 약화시키고 자신감을 잃게 만드는 결과를 낳게 된다. 아름다운 여인을 만날 때 고기도 먹지 않고, 술도 마시지 않고, 눈높이도 낮아지고 있는 사람들로부터 무엇을 기대하겠는가? 그들은 출가하여 테아비드(Theabid) 지방의 승려들처럼 되어가지만, 생활 전장에서 싸워 이길 수가 없다.

주관적으로 볼 때, 많은 부르주아지들에게 사회주의자들의 작품은 '세계평화', '사회 선', '사회정의' 그리고 그와 유사한 '사회적인' 것들을 보장하기 위해 직접적인 행동 형태를 취한다. 사회주의는 거의 오로지 부르주아지계급의 노고와 노력을 통해서만 성장하고 강해져 왔다. 종국에는 불가피하게 파멸되고 말 것을 성취하려고 하는 그들을 보노라면 필리포 아르젠티(Filippo Argenti: 단테의 피렌체 귀환을 반대했던 성난 정치가)에 대한 단테의 묘사가 떠오른다.

기괴한 피렌체 정신
그 자체가(스스로) 야수로 변한다.

이들 부르주아지는 자신들이 애쓴 노력이 반드시 어디서 끝나는지를 충분히 인식했더라면 영웅이 되거나 순교자가 되었을 것이다. 그러나 그들은 부지불식간에 자신들의 파멸을 추구하였기에 바보가 되고만 것이다.

종교적 정서의 이차적 현시에 대해 사람들은 대체로 자신들이 오직 과학적 논거에 의해서만 동기를 부여받는다고 믿는다. 그러므로 그럴 경우 실제로 나타나는 현상은 주관적으로 왜곡되어 나타난 것이다.

이러한 사람들의 정신상태를 이해하려면 경제위기 시에 어떤 현상이 일어나는지를 고려해야만 한다. 경기가 상승할 때는 기업이 돈을 벌어들인다는 것을 입증하는 모든 주장들은 많은 사람들로부터 호응을 받지만 반면에, 경기가 하강할 때는 그와 동일한 주장들은 모조리 기각 당하게 된다. 이를 잘 이해하고 있는 금융업자들은 이것을 '시장이 호황 또는 불황이다'라는 말로 표현한다. 경기가 하강할 때 특정한 증권에 서명하기를 거부하는 사람은 자신도 모르는 사이에 수많은 작은 인상들에 이끌린다는 것을 알지 못하고, 자신은 오직 이성에 의해서만 인도된다고 믿는다.

실제로 그는 일간지의 경제뉴스로부터 어느 정도 그런 인상을 받고 있는데도 말이다. 나중에 경기가 하강할 때 그는 동일한 증권에 또는 더 나은 성공기회를 전혀 합리적으로 보장하지 않는 유사한 주식에 서명을 하면서 자신은 이번에도 오직 이성의 지시만을 따르고 있다고 생각하며, 자신이 [그런 주식에 대한] 불신에서 신뢰로 이동하게 된 것이 그 자신을 둘러싸고 있는 주위 상황이 낳은 각종 정서에 의존하고 있다는 사실을 여전히 인식하지 못하고 있다.

일반 대중은 경기가 호황일 때만 주식을 사고 불황일 때는 주식을 판다는 것은 증권거래소에서는 잘 알려진 사실이다. 이러한 사업을 많이 해본 경험이 있는 금융업자는 (비록 때때로 자신이 정서에

제5장 주관적 현상   **149**

좌우되도록 놔두고 있으면서도) 주로 자기 이성을 이용하여 그와는 정반대로 행동하는데, 이렇게 하는 것이 그들이 수익을 내는 주요 원인이 되고 있다. 호황기에는 이러한 호황이 지속되어야 한다는 취지로 어떤 평범한 주장을 펴더라도 매우 큰 설득력을 가지며, 결국 가격은 무한하게 지속적으로 오를 수 없다고 아무리 그 사람에게 말하더라도 그는 분명 당신의 말에 귀를 기울이지 않을 것이다.

한편, 경기가 불황일 때는 모든 것이 악화되어 주가도 떨어질 수밖에 없다는 것을 믿게끔 하는 주장이 설득력을 가지게 된다. 정신이 축 처진 상태에서는 그런 정신을 끌어올리려고 논거를 대도 소용이 없다.

2. 드레퓌스사건은 현재의 엘리트와 미래의 엘리트 대결

도덕 위기와 종교 위기 시에도 비슷한 양상이 나타난다. 광적인 음주반대론자는 자신이 과학적 이성의 안내를 받는다고 굳게 믿는다. 그는 (오늘날 회의론이 범람하는 시대에 침투해 있는 주장과 동일한 주장을 들으면서도) 자신이 일순간의 고찰의 가치도 없는 한 줌의 재까지도 타버려 아무것도 남지 않은 존재가 된다는 사실을 인식하지 못한다.

이러한 사실들에는 많은 이유가 있다. 거기에는 확실히 수많은 제약들이 개입되어 있는가 하면 그 외에 다른 많은 주관적 이유와 객관적 이유들도 작용하고 있다. 여기는 이 주제를 연구하는 자리는 아니다. 그 이유가 어떠하든 이러한 사실들을 조명하는 것만으로도 충분하다.

현재의 엘리트가 쇠퇴하고 새로운 엘리트가 부상하는 것은 인간의 의식과 지력에 다양한 모습으로 나타난다. 이 경우에 주관적 현상과 객관적 현상이 사실상 분리되어 나타난다. 이 두 현상의 차이들에 대해서는 이미 일부 지적한 바 있다. 많은 '인도주의자들'은 자신들이 이타주의 정서(altruistic sentiments)를 강화하는 데 철저히 헌신하고 있다고 생각한다.

그들은 자신들이 하고 있는 모든 행동이 새로운 엘리트의 이기주의(egoism)가 승리하도록 도와주고 있다는 것을 전혀 의식하지 못한다. A의 이기주의와 B의 이기주의는 서로 경쟁을 한다. 이타주의는 스스로에게 말한다. 왜 한 이기주의를 다른 이기주의보다 선호하는가? 그러나 이타주의는 이렇게 추론한다.

"만약 A가 이타주의자였더라면 그는 B에게 무언가를 주었을 것이다."

그러나 그 명제는 분명 다음과 같이 거꾸로 바꿀 수도 있다. 만약 B 또한 이타주의자였다면 그는 A의 희생을 받아들이지 않았을 것이라는 사실과는 전혀 별개로 말이다.

많은 위생학자들은 자신들의 이론에 확신을 가지고 자신들은 오로지 인간 종(種)의 선을 추구한다고 믿는다. 많은 '윤리적인' 사람들은 자신들이 어떤 도덕적 추상을 위해 행동한다고 확신한다. 마침내 그들은 자기네 계급을 배신하고 새로운 엘리트의 승리를 지지하고 있다는 것을 의심하지 않는다. 새로운 엘리트가 승리하게 되면 이들은 현재의 엘리트보다 도덕적으로 더 나아질 것이라고 생각한다.

주관적 현상과 객관적 현상이 뚜렷하게 대조적으로 나타나는 예가 프랑스에서 일어난 드레퓌스사건이다. 만약 어떤 사람이 주관적 현상에 연루되어 있었다면, 즉 자신이 평소에 표현하던 방식으로 여러 이념을 표현한다면, 그는, 결백한 사람에게 내려진 불법적인 선고에 대해, 반유대주의 편견과 민족주의 편견에 의해 피해를 입은 사람들 편에서 정의를 위한 광포한 전쟁이 발발했다고 전하려 할 것이다.

그러나 그는 이러한 말들은 아무것도 숨기는 바가 없으며 또 객관적 현상은 방금 묘사한 것과 거의 또는 전혀 다를 바가 없다고 믿으며, 비잔틴제국의 피비린내 나는 전투들의 유일한 단 하나의 원인은 신학적 치밀함이 아니라 정치적 대결을 위한 연막이었다는 것을 아주 잘 표현하고 있다.

그런데 실상은 전혀 사실과 다르다. 드레퓌스사건은 현재의 엘리트와 미래의 엘리트 대결을 단적으로 보여주는 하나의 에피소드이다. 현재 엘리트의 아주 일부만이 특히 1850년에서 1870년 사이에 자유, 이성, 분별에 의지하려고 노력했다. 이러한 사람들은 자신들의 과오를 보고 사람들이 이성에 의해서가 아니라 정서에 의해 좌우된다는 것을 깨달았다. 그러므로 유일하게 가능한 선택은 정서의 종류를 선택하거나 또는 종교의 종류를 선택하는 것이다. 그리하여 부르주아 소수파는 비슷한 생각을 의식적으로 또는 무의식적으로 가졌던 다수파에게 다시 더 가까이 다가갔다.

사회 곳곳에 침투하고 있는 사회주의 종교에 사람들이 반대하는 이유는 무엇인가? 프랑스 상층계급에게 선택의 여지는 많지 않았다. 그들은 종래의 종교 형태, 특히 가톨릭교에 활기를 불어넣으려고 시도했다. 그들은 사회주의에 대한 반감을 자신들의 이점으로 전환하려고 노력했고, 마침내 '민족주의(nationalism)'라는 탈을 쓴 새로운 종교를 가지게 되었다. 민족주의는 군대를 끌어들이는 엄청난 이점을 가졌다. 이와 관련해서는 잘 유념해야 할 점이 있다. 즉 나는 그 같은 계획이 미리 처음부터 계획적으로 준비되어 수월하게 실행되었다고 생각하지 않는다.

실제로 이 계획을 따르는 사람들 대다수는 자신이 처한 환경의 압력을 무척 심하게 받고 있는데도 그것을 전혀 알아차리지 못하고 있었다는 것이 사실로 증명되었다. 아마도 약삭빠르고 요령 있는 지도자는 운동이 나아가고 있는 방향을 알고 있으면서도 동료들의 맹신이 약화될까봐 우려하여 그것에 대해 언급하지 않으려고 매순간 각별히 신경을 쓰게 된다.

드레퓌스사건이 표출되었을 때, 민족주의자들은 그 사건이 자신들에 어떤 이점을 가져다줄지를 잽싸게 간파했다. 그 사건이야말로 군대의 친화성을 얻어내고 그런 다음 무력을 이용할 수 있는 절호의 기회였다. 세인트헬레나 섬에서 나폴레옹 1세는 라신(Racine)[1]의

『브리타니퀴스(*Britannicus*)』를 읽으며 "군주의 결정에 영향을 주는 것은 언제나 군주의 공허함을 흠잡는 것이었다는 것"을 분별 있게 관찰했다. 민족주의자들은 고관대작의 공허함에 대한 모욕을 자신들에 대한 모욕과 같은 것으로 간주하고 영악한 책략을 꾸며냈다. 그 이후로 그들의 계획은 썩 나쁘지는 않았지만 펠릭스 포르(Felix Faure)[2]의 갑작스런 사망으로 어쩌면 그 계획을 매우 성공적으로 이끌었는지도 모른다.

그러므로 객관적 현상으로 나타나는 것은 단지 위에서 언급한 두 엘리트들끼리의 투쟁이다. 드레퓌스사건은 끝났거나 거의 끝나가지만, 두 엘리트들 간의 투쟁은 결코 잠잠해지지 않았다. 이 글을 쓰고 있는 오늘에는 발데크-루소 내각의 인기 덕분에 사회주의자들이 지지를 받고 있지만 내일은 어떤 일이 일어날 것이라고 말하는

---

1 장 바티스트 라신(Jean Baptiste Racine, 1639~1699): 프랑스의 극작가로, 몰리에르, 피에르 코르네유와 함께 17세기 프랑스의 3대 극작가 중 하나. 역사상의 인물을 주인공으로 한 비극을 주로 썼는데, 인물에 인간성을 주고 과장을 피해 가면서 쓴 것이 특징이며 그의 문장은 프랑스어의 모범이 되었다. 『브리타니쿠아스』는 1669년에 쓴 작품으로 로마 황제 네론과 모후(母后)와의 권력투쟁을 주제로 한 것이었다 - 옮긴이.

2 펠릭스 포르(Felix Faure): 공화파 소속의 프랑스 제3공화국 여섯 번째 대통령(1895~1899 재위)으로 드레퓌스사건 당시 에밀 졸라가 「나는 고발한다」를 포르 대통령에게 공개편지 형식으로 기고하였다 - 옮긴이.

것은 불가능하다. 전투가 고양될지 소강상태가 될지는 예측할 수 없는 일이다. 발데크-루소 내각은 과거에 자기 계급과 관련하여 하던 역할만큼 현재 자체의 계급과 관련하여 동일한 역할을 하고 있다. 그 같은 부지불식중에 맺은 동맹은 종래의 엘리트를 물리치고 싶어 하는 새로운 엘리트들에게는 대단히 귀중하다.

3. 한 엘리트의 쇠퇴와 다른 엘리트의 부상

마르크스가 쓴 책이 사회주의자들을 만들어낸 것이 아니라 마르크스의 책을 유명하게 만든 것이 사회주의자들이다.

1900년 6월 15일 프랑스의회는 샬롱-쉬르-손 지방에서 일어난 파업과 관련한 몇 가지 사실들에 대한 조사를 실시했다. 비록 다소 늦은 감이 있긴 하나 내각은 폭력 행위를 저지하기 위한 조치를 취하고, 경찰에 대항하여 내려진 그날의 명령을 수용했다. 그 내용은 다음과 같다.
"의원은 사법적 심리에 의해 확립되는 모든 책임을 다하기 위해 정부에 의지하며 그날의 명령을 통과시킨다."
그날의 이 명령은 마사뷔오(Massabuau) 의원의 제안한 추가 조항과 함께 승인되었다. 추가 조항에는 다음과 같이 적혀 있다.
"내각은 … 노동자를 현혹하기 위한 집산주의 독트린을 질책하며 그날의 명령을 통과시킨다." 그 결과 일부 보수주의 의원들은 내각에 반대하고 그 결과 질서유지에 명백하게 반대하는 표를 던졌고, 일부 사회주의-집산주의 의원들은 내각에 반대하고 그 결과 명백하게 집산주의에 반대하는 표를 던졌다. 실질적으로 양쪽 모두 옳았다. 왜냐하면 발데크-루소 내각은 사회주의자들의 승리가 다가올 것으로 확신하는 쪽으로 아주 효과적으로 행동을 했기 때문이다.

우리는 A. 르유(A. Reille), 드 솔라쥬(de Solage), 슈나이더(Schneider) 등 대기업 회장들이 기권한 것에 주목할 필요가 있다. 이러한 사실은 우리가 현재 엘리트들이 용기를 결여했다고 말하는 것을 확인해준다. 그들은 사회주의의 최초의 희생자가 될 것이며, 실제로 그들은 이미 엄청난 상처를 입고 있다. 그런데도 그들은 집권의 이익을 잃을지도 모른다는 두려움 때문에 감히 큰 목소리를 내지 못하고 있다. 그 이익은 사회주의자들의 수중에서 지금까지 입은 손실을 보상해준다.

만약 이탈리아에 적어도 사회주의 성향을 가진 정부가 들어선다면, 정부에 찬성표를 던지는 사람은 항해할증료, 보호관세 등에서 이익을 본 사람들과 요즈음 자신들이 사회주의자의 가장 거만한 적이라고 자랑하는 사람들일 것이다. 이러한 용감한 신사들은 해바라기 같은 존재이다. 그들은 이익이 날 것으로 기대되는 편으로 돌아선다. 주관적 현상과 객관적 현상이 서로 분리되면 많은 착각을 낳게 된다. 그래서 많은 사람들이 마르크스 이론과 싸우면 사회주의와 효과적으로 싸울 수 있다는 상상을 한다. 이는 마치 일부 사람들이 성경이 가진 과학적 오류들과 싸우면 기독교와 효과적으로 싸울 수 있다고 믿는 것과 같다.

오늘날 교육을 받은 사람들 중에서 이러한 오류를 인정하지 않는 사람은 드물다. 그러면 그들은 기독교에 어떤 손실을 입혔는가? 아무런 손실도 입히지 않았다. 기독교는 그 어느 때보다도 번창하고 있다. 마르크스의 가치이론은 근거가 없다. 그들이 여러 다양하고 훌륭한 해석을 내놓으려고 애쓴 후에 우리는 지금 가장 식견이 높은 마르크스주의자들조차도 마르크스는 가치이론을 수립할 의도가 없었다고 말하기까지 하는 것을 목도하고 있다. 이 모든 것이 사회주의 신념을 조금도 손상시키지 않는다. 마르크스가 쓴 책이 사회주의자들을 만들어낸 것이 아니라 마르크스의 책을 유명하게 만든 것이 사회주의자들이다.

18세기 말엽에 회의론을 낳게 한 것은 볼테르의 저작이 아니다. 오히려 회의론(scepticism) 때문에 볼테르의 저작이 명성을 얻게 되었다. 이 말은 현상의 주요한 측면을 정의하기 위한 것일 뿐이다. 왜냐하면 거기에는 형식(form) 역시 가치를 가진다는 점을 추가해야 하기 때문이다. 볼테르와 백과전서파는 당시 프랑스 상류계층의 정서를 정선된 형식으로 표현하며 그들의 정서에 새로운 활기를 불어넣었다. 마르크스와 관련해서도 그와 유사한 점을 관찰할 수 있다.

현재 상류계층이 허약하게 된 데는 확실히 인도주의 흐름이 주요한 원인이고, 어쩌면 종교적 흐름도 주요한 원인이다. 그러나 인도주의 정서는 더욱 효과를 발휘하여 상류계층이 크게 약화되고 에너지를 상실하는 원인이 되고 있다. 한편, 혁명적 사회주의자들의 행동양식은 이러한 탈진한 몸체에 약간의 에너지를 불어넣어주는 데 가장 어울린다. 프랑스 부르주아지에게는 쥘 게드(Jules Guesde)[3] 내각이 발데크-루소 내각보다 훨씬 더 위험한 존재일 것이다. 독일에서는 기독사회주의가 대중사회주의에게는 탁월한 수습기간이 될 것이다. 일반적으로 말하자면, 현재의 엘리트는 인도주의자, 감상주의자, 윤리주의자로 이루어진 전체 군중보다 더 나쁜 적이 아니고, 미래의 엘리트는 더 나은 친구가 아니다.

미래의 사회변화를 이끄는 요소들이 알지 못한 채 항상 남아 있고, 문명국가들 간에 장기간 전쟁을 유발하는 많은 변화들이 존재한다. 이러한 변화들이 유럽의 일부 국가들을 군사독재로 몰고갈 수도 있다. 그러면 그러한 독재와 새로운 엘리트 간의 관계들이 어떻게 하면 우리를 비켜갈까. 주관적 현상의 운동만으로 판단하는 사람은 군사독재는 현재의 엘리트에게만 유리할 것이라고 확신할 것이다. 그러나 객관적 현상을 우선적으로 고려하는 사람은 상당한 의심을 하지 않고서는 그러한 가설을 받아들이지 않을 것이다.

---

3 쥘 게드(Jules Guesde, 1845~1922): 프랑스의 사회주의자로 게드주의라 불리는 집산주의(集産主義) 이론의 창시자. 1880년 마르크스의 협력을 얻어 노동당 기본강령을 작성하고 프랑스 노동당을 립시켰다. 1893년 이래로 여러 차례 하원의원에 당선되며 게드파가 노동당 주류를 이루게 되었다 - 옮긴이.

지금으로서는 확실한 근거를 가지고 이 모든 것을 논의하는 것이 무척 어렵다. 우리 눈앞에서 전개되고 있는, 한 엘리트가 쇠퇴하고 다른 엘리트가 부상한다는 거창한 현상을 희미하게나마 인식하는 것으로 충분하다. 이것은 객관적 형태로는 거의 인식할 수 없다. 아직까지도 미래를 감추고 있는 베일을 뜯어내는 쓸데없는 시도는 삼가도록 하자.

찾아보기

ㄱ

갈릴레오 73, 74, 76
감성 9, 11, 14, 22, 41, 66, 69, 112, 146
객관적 현상 23, 39, 151, 152, 154, 156, 158
과두세력 42
국가사회주의 79, 122, 139
굿템플러즈 54
금욕주의 53, 56~60, 62, 111
기독교 7, 30~32, 34, 35, 37, 39, 40, 45, 49, 53, 59, 60, 71, 76~79,
　　81~83, 87, 88, 106, 146, 157

ㄴ

나우만 81~83, 129, 141
내용 14, 32, 35, 37, 59, 103, 155
노동조합 119, 124~126, 128, 133, 134
논리적 추론 22, 70

ㄷ

다원주의 25
데 아미치스 78
데프레티스 113, 114

도미니크수도회 54
드레퓌스사건 8, 11, 50, 64, 65, 80, 150, 152~154

ㄹ

라살레 84, 85
라신 153, 154
라플라스 73
루소 44, 79, 80, 111, 154~156, 158
루시에르 124, 126, 133
르낭 31, 53, 66, 82
르봉 105, 106, 139, 140, 147
리프크네히트 84, 88

ㅁ

마르크스 11, 12, 50, 79, 80, 83, 84, 108, 123, 155~158
마키아벨리 9, 12, 13, 87
맨션 74, 76
몬타누스파 59
미켈 85
민족주의 37, 50, 66, 68, 107, 152~154
밀랑 79, 80, 107, 129

ㅂ

발데크-루소 79, 80, 154~156, 158
백과전서파 44, 157

베른슈타인 79, 80, 84

베벨 84, 88

볼테르 44, 157

부르주아지 38, 43, 45, 67, 68, 91, 94~97, 102, 105, 107, 110, 111, 120, 125, 126, 131, 132, 134~136, 139, 147, 148, 158

브륀티에르 68, 74

비스마르크 52, 85, 128

빅토르 위고 104

ㅅ

사회종교 146

사회주의 7, 8, 37, 39, 45, 49, 56, 60~62, 64, 66, 71, 76~81, 83~85, 88, 96, 97, 106, 108, 109, 112, 120~123, 125~131, 139~141, 145~148, 153~158

사회학적 법칙 7, 17, 21

살라미스 섬 24, 27

성 바울 31

세네카 30, 111

스펜서 28

ㅇ

아리스토파네스 21, 109

아우구스티누스 20

애국주의 45, 49, 50

얀센주의 60

엥겔스 77
연대 38, 50, 58, 59, 71, 73, 82, 87, 88, 131, 134
오르비니 32
이성 9, 11, 14, 41, 54, 69, 149, 150, 152
인간 본성 163

ㅈ

제국주의 49, 80, 81, 138
제본스 28
조레스 107, 108
종교위기 77, 110, 128, 145
주관적 현상 8, 23, 25, 39, 143, 145, 151, 152, 156, 158
쥘 게드 158
지킹엔 136
집산주의 78, 81, 155, 156, 158

ㅊ

천년왕국 77

ㅋ

카이사르 20, 52, 92, 106
코페르니쿠스 73
크리스피 134
클레망 쥐글라르 28
클로드 베르나르 21

ㅌ

테미스토클레스 24~26, 27

토크빌 43

ㅍ

파예 72, 73

판탈레오니 10, 39

페이비언 80, 81

프란체스코수도회 54

프랑스혁명 12, 43~45, 49

프롤레타리아 12, 79, 83, 106, 126~129, 139

프톨레마이오스 74~76

ㅎ

합리주의 145

헤로도토스 24, 25, 27

형식 32, 35~37, 39, 45, 64, 68, 99, 139, 141, 154, 157

후텐 136, 137